“一带一路” 营商环境法治保障系列

赵旭东　总主编
李建伟　朱晓娟　吴高臣　副总主编

中国民事纠纷解决法律制度

朱晓娟　主编　刘明晨　副主编

中国民主法制出版社

图书在版编目（CIP）数据

中国民事纠纷解决法律制度/朱晓娟主编．—北京：
中国民主法制出版社，2020.1
（“一带一路”营商环境法治保障系列）
ISBN 978-7-5162-2125-9

Ⅰ．①中…　Ⅱ．①朱…　Ⅲ．①民法—研究—中国
Ⅳ．①D923.04

中国版本图书馆CIP数据核字（2019）第260540号

图书出品人：刘海涛
出版统筹：乔先彪
责任编辑：逯卫光

书名/中国民事纠纷解决法律制度
ZHONGGUOMINSHIJIUFENJIEJUEFALÜZHIDU
作者/朱晓娟　主　编
刘明晨　副主编

出版·发行/中国民主法制出版社
地址/北京市丰台区右安门外玉林里7号（100069）
电话/（010）63055259（总编室）　63057714（发行部）
传真/（010）63056975　63056983
http：//www.npcpub.com
E-mail：mzfz@npcpub.com
经销/新华书店
开本/16开　787毫米×960毫米
印张/14.25　**字数**/209千字
版本/2020年1月第1版　2020年1月第1次印刷
印刷/北京天宇万达印刷有限公司

书号/ISBN 978-7-5162-2125-9
定价/48.00元

◉ 总序

习近平总书记在2013年提出建设“丝绸之路经济带”和“21世纪海上丝绸之路”的构想，五年多来，在各参与方的共同努力下，“一带一路”倡议从理念转化为行动，从愿景转变为现实，构建起了各自优势互补、彼此互联互通的国际合作平台。

党的十九大报告指出，要以“一带一路”建设为重点，坚持“引进来”和“走出去”并重，加强创新能力开放合作，形成陆海内外联动、东西双向互济的开放格局。同时，党的十九大通过修改的党章明确指出：遵循共商共建共享原则，推进“一带一路”建设。推进“一带一路”建设写入党章，必将为新时代共建“一带一路”，共建人类命运共同体进一步指明方向，注入强劲动力。

随着我国“一带一路”建设的深入推进，营造互信互通的法治营商环境，为投资贸易合作方提供全面周到的法律支持，切实维护中外当事人的合法权益便提上了日程。因此，为了增进“一带一路”建设沿线各国的彼此沟通，积极建立成员方统一认知和公正高效的司法保障体系，切实保障“一带一路”建设成果的不断扩大，我们推出了《“一带一路”营商环境法治保障系列》图书。

本系列图书构建了“一带一路”法治保障服务体系，主要介绍了投资贸易、产业合作、公正司法、纠纷解决、劳工保护等领域的法律制度，从而以保护中外当事人合法权益，维护公平竞争、诚实守信、和谐共赢的区域合作大环境。本系列图书体例科学，通俗易懂，旨在加强中国与“一带一路”沿线国家的“政策沟通”和“法治互信”，通过向国际社会展示我国法律制度的建设成就，以此提升我国法律的国际影响力。

《“一带一路”营商环境法治保障系列》图书作为“一带一路”建设的法治保障参考适用读物，旨在为沿线各国加强法律制度的交流互鉴，旨在全面落实我国“一带一路”建设的任务要求，全面构建“一带一路”建设中的法治保障体系，以便全球共享“一带一路”的建设成果。

赵旭东*
2019年8月

* 赵旭东，中国法学会商法学研究会会长，中国政法大学教授。

目　录

第一章

中国民事纠纷解决法律制度概述

【规则要点】

在当下中国民事纠纷解决法律制度框架下，民事纠纷的解决方式包括和解、人民调解、民事诉讼以及仲裁四种方式，其适用条件各不相同但都可以起到解决民事纠纷的作用。当事人可以根据自己所面临民事纠纷的具体情况，有选择地通过以上方式之一解决民事纠纷。

【理解与适用】

主体在参与社会活动过程中，势必会与其他主体发生各种各样的法律关系。其中，自然人、法人、非法人团体等平等主体之间所发生的人身及财产法律关系即为民事法律关系，而主体间因民事法律关系产生的纠纷即为民事纠纷。

民事纠纷是现实生活中最常见的、数量最大的、与生活最密切的一类纠纷，因此，民事纠纷解决制度就显得尤为重要。现如今，中国正在发展多元化的纠纷解决法律制度。

在当下中国的纠纷解决法律体系中，民事纠纷的解决方式包括和解、人民调解、民事诉讼以及仲裁四种方式。

和解，是指民商事争议双方当事人就争议问题进行协商，达成和解协议以消灭争议的解决方式。

人民调解，是指人民调解委员会通过说服、疏导等方法，促使当事人在平等协商基础上自愿达成调解协议，解决民间纠纷的活动。

和解与人民调解在我国纠纷解决过程中起到不可或缺的作用，是我国纠纷解决法律体系中的重要一环，但由于和解与人民调解的当事人自主性较强，法律对其规定较为宽松，加之与民事诉讼和仲裁相比其在现实生活中起到的作用有限，故本书不再对其进行详细介绍。

【法条指引】

中华人民共和国人民调解法（节录）

第二条 本法所称人民调解，是指人民调解委员会通过说服、疏导等方法，促使当事人在平等协商基础上自愿达成调解协议，解决民间纠纷的活动。

中华人民共和国仲裁法（节录）

第二条 平等主体的公民、法人和其他组织之间发生的合同纠纷和其他财产权益纠纷，可以仲裁。

第三条 下列纠纷不能仲裁：

（一）婚姻、收养、监护、扶养、继承纠纷；

（二）依法应当由行政机关处理的行政争议。

中华人民共和国民事诉讼法（节录）

第三条 人民法院受理公民之间、法人之间、其他组织之间以及他们相互之间因财产关系和人身关系提起的民事诉讼，适用本法的规定。

第二章

民事诉讼制度

民事诉讼是解决民事纠纷的主要途径，其具有纠纷解决的强制性、终局性和权威性。为了保护当事人行使诉讼权利，保证人民法院正确适用法律，及时审理民事案件，确认民事权利义务关系，制裁民事违法行为，保护当事人的合法权益，教育公民自觉遵守法律，中国已经建立起以《中华人民共和国民事诉讼法》为主导，以相关司法解释为辅助的民事诉讼法律体系。本章以中国民事诉讼法为基础，结合相关司法解释对中国民事诉讼法律体系予以阐释。

第一节　民事诉讼法的适用范围

【规则要点】

民事诉讼法的适用范围，即指民事诉讼法的效力范围，包括对人的效力、对事的效力、时间效力和空间效力。民事诉讼法在法律规定的范围内适用。

【理解与适用】

一、对人效力

民事诉讼法的对人效力，是指民事诉讼法对哪些人具有约束力。依据民事诉讼法的规定，民事诉讼法适用于在中国领域内进行民事活动的一切人，包括：

1. 中国公民、法人和非法人组织；

2. 居住在我国境内的外国人、无国籍人，以及在中国营业的外国企业和外国组织；

3. 不在我国境内居住或营业，但在我国人民法院通过起诉与应诉行为进行民事诉讼的外国人、无国籍人及外国法人和组织；

4. 在我国享有外交豁免权，但根据国际条约惯例以及我国法律规定，放弃其外交豁免权的外国人。

二、对事效力

民事诉讼法的对事效力，是指民事诉讼法对于哪些民事案件的审理可以适用的效力。依据民事诉讼法的规定，人民法院受理的民事案件包括：

1. 平等主体之间因财产关系和人身关系产生的纠纷；

2. 法律规定其他应适用民事诉讼法审理的案件，如选民资格案件，宣告失踪、死亡案件，认定公民无行为能力、限制行为能力案件，认定财产无主案件等。

三、时间效力

民事诉讼法的时间效力，是指民事诉讼法发生法律效力的时间。中国现行民事诉讼法自 2017 年 7 月 1 日起施行，自该日起，在中国境内进行的民事诉讼活动均适用本法规定。此外，民事诉讼法具有溯及既往的效力，对于现行法生效以前已经进入民事诉讼尚未审理完毕的案件仍然有效，应当适用新法。

四、空间效力

民事诉讼法的空间效力，是指民事诉讼法适用的空间范围。依据民事诉讼法的规定，在中国领域内进行的民事诉讼都应当适用该法，包括中国的领土、领海、领空，以及领土的自然延伸部分。

【法条指引】

中华人民共和国民事诉讼法（节录）

第三条 人民法院受理公民之间、法人之间、其他组织之间以及他们相互之间因财产关系和人身关系提起的民事诉讼，适用本法的规定。

第四条 凡在中华人民共和国领域内进行民事诉讼，必须遵守本法。

第二节 民事诉讼法的基本原则

【规则要点】

民事诉讼法的基本原则，是在民事诉讼的全过程或者在民事诉讼的重要阶段起指导作用的行为准则。我国民事诉讼法确立了同等原则，对等原则，法院独立审判原则，以事实为依据、以法律为准绳原则，平等原则，法院调解原则，母语诉讼原则，辩论原则，诚信原则，处分原则，检察监督原则，支持起诉原则。

【理解与适用】

一、同等原则和对等原则

同等原则，是指外国人、无国籍人、外国企业和组织在人民法院起诉、应诉，同中华人民共和国公民、法人和其他组织有同等的诉讼权利义务，对他们既不优待，也不歧视。

对等原则，是指外国法院对中华人民共和国公民、法人和其他组织的民事诉讼权利加以限制的，中华人民共和国人民法院对该国公民、企业和组织的民事诉讼权利亦加以同样的限制，体现为司法制度上国家之间的平等对待。

二、法院独立审判原则

依据民事诉讼法的规定，民事案件的审判权由人民法院行使，其他任何国家机关、社会组织、个人都不能行使审判权。人民法院依照法律规定对民事案件独立进行审判，不受行政机关、社会团体和个人的干涉。

但法院独立审判，并不意味着法院的审判权不受任何约束。依据宪法的规定，中国的国家权力统一由人民代表大会行使，人民法院由人民代表大会产生并受人民代表大会监督，中国的审判独立是人民代表大会制度下的审判独立。此外，中国的审判独立亦是中国共产党领导下的审判独立，这里的领导是政治领导而非业务领导，各级党委尊重并遵循审判活动的特有规律，强调对人民法院整体工作的支持而非个案的干预，为人民法院营造良好的审判环境。

三、以事实为依据、以法律为准绳原则

依据民事诉讼法的规定，人民法院审理民事案件，必须以事实为依据、以法律为准绳。任何与事实和法律相违背、相冲突的因素，都不能作为民事审判的依据。

四、平等原则

依照民事诉讼法的规定，民事诉讼当事人有平等的诉讼权利。人民法院审理民事案件，应当保障和便利当事人行使诉讼权利，对当事人在适用法律上一律平等。

当事人诉讼权利平等原则主要包含三层内涵：

1. 超脱于当事人诉讼地位的平等。平等并不意味着绝对等同，由于当事人有原告、被告、第三人之分，居于不同诉讼地位的当事人行使的诉讼权利必然会存在一定的差异性。

2. 超脱于当事人经济、文化条件与社会地位的平等。由于相对弱势的当事人因为经济、文化条件的制约，可能在实际行使诉讼权利时存在障碍，客观上不能与对方当事人平等地行使诉讼权利。为此，中国已经建立起法律援助制度，以保证不同经济、文化、社会地位的当事人能够实际上平等地行使诉讼权利。

3. 超脱于案件争议事项大小、轻重的平等。当事人的诉讼权利不因案件争议标的金额大小、事项轻重而受到影响。

五、法院调解原则

依照民事诉讼法的规定，人民法院审理民事案件，应当根据自愿和合法的原则进行调解；调解不成的，应当及时判决。需要注意的是，这里的调解是指在民事审理过程中，由法院参与的调解，是一种公力救济，而不

同于作为社会救济的人民调解。关于法院调解的具体内容，将在本章第八节予以阐释，在此不作赘述。

六、母语诉讼原则

依照民事诉讼法的规定，公民都有用本民族语言、文字进行民事诉讼的权利。在少数民族聚居或者多民族共同居住的地区，人民法院应当用当地民族通用的语言、文字进行审理和发布法律文书。人民法院应当对不通晓当地民族通用的语言、文字的诉讼参与人提供翻译。

七、辩论原则

依照民事诉讼法的规定，人民法院审理民事案件时，当事人有权进行辩论。关于辩论原则，应当从以下四个方面进行理解：

（一）时间

当事人可以在民事诉讼的整个过程中行使辩论权，包括整个一审程序、二审程序、再审程序。

（二）内容

在民事诉讼过程中，当事人可以就案件争议的实体问题进行辩论，也可以就程序争议问题进行辩论。

（三）形式

当事人可以通过口头形式进行辩论，如在法庭上进行口头辩论；也可以通过书面形式进行辩论，如被告提交答辩状。

（四）约束性

辩论原则的约束性，是指法院审判权的行使范围受当事人辩论的约束。约束性辩论原则具有以下具体要求：（1）只有当事人提出并加以主张的事实，法院才能够予以认定。没有在当事人辩论中出现的事实不能作为法院裁判的依据。（2）对双方当事人都没有争议的事实，法院应当予以认定。（3）法院对证据的调查，原则上仅限于当事人提出的证据，而一般不允许法院依职权主动调查证据。

法院的裁判必须受到当事人主张的事实和证据的约束，其超出当事人主张的事实进行裁判的行为违反辩论原则。

八、诚信原则

依照民事诉讼法的规定，民事诉讼应当遵循诚实信用原则。诚实信用原则贯穿民事诉讼的全过程，包括依法行使诉讼权利、履行诉讼义务、遵守诉讼秩序、自觉履行生效文书等。此外，诚实信用原则不仅仅约束当事人，同时也约束法院和其他诉讼参与人。

诚实信用原则在民事诉讼法中多有体现。如民事诉讼法中规定，当事人之间恶意串通，企图通过诉讼、调解等方式侵害他人合法权益的，人民法院应当驳回其请求，并根据情节轻重予以罚款、拘留；构成犯罪的，依法追究刑事责任。再如在执行程序中，被执行人与他人恶意串通，通过诉讼、仲裁、调解等方式逃避履行法律文书确定的义务的，人民法院应当根据情节轻重予以罚款、拘留；构成犯罪的，依法追究刑事责任。

九、处分原则

依照民事诉讼法的规定，当事人有权在法律规定的范围内处分自己的民事权利和诉讼权利，即当事人有权自主决定行使民事权利和诉讼权利的方式和内容。

法院应当尊重当事人依法对自己民事权利和诉讼权利的处分，法院的判决不得超出原告的诉讼请求，否则，即是对处分原则的违反。但调解协议可以超出原告诉讼请求的范围。

十、检察监督原则

人民检察院作为国家的法律监督机关，有权对民事诉讼活动进行法律监督。对于检察监督原则，应当从以下三个方面理解：

（一）监督的对象

在民事诉讼活动中，检察监督的对象是人民法院及其工作人员行使审判权和执行权的行为。人民检察院不能对当事人和其他诉讼参与人、人民调解委员会、仲裁委员会等进行监督。

（二）监督的内容

在民事诉讼活动中，检察监督的内容主要表现为两方面：（1）对审判人员在民事审判活动中是否存在贪赃枉法、徇私舞弊等违法行为进行监督；(2) 对人民法院作出的存在法定情形的生效判决、裁定、调解书提出抗诉或检察建议启动审判监督程序。

(三) 监督的方式

检察监督的方式包括抗诉和检察建议。抗诉是要求对生效法律文书进行再审，必须满足再审条件；而检察建议除可以对某个生效法律文书提出外，也可以对法院或者法官的某个违法行为提出，要求法院予以纠正，适用比较灵活。

十一、支持起诉原则

依据民事诉讼法的规定，机关、社会团体、企业事业单位对损害国家、集体或者个人民事权益的行为，可以支持受损害的单位或者个人向人民法院起诉。支持起诉的方式是有关机关、组织为受害人提供物质或者精神上的帮助，支持受害人起诉，但作为适格当事人，起诉仍然是以受害人名义起诉。

【风险提示】

1. 民事诉讼中，当事人对案件的实质性问题或程序性问题有争议，应该积极行使辩论的权利，依法向人民法院阐明自己的意见。当事人消极对待审判、不积极行使辩论权利的，往往会使得自己的利益受损。

2. 民事诉讼中，当事人应当依法行使诉讼权利、履行诉讼义务、遵守诉讼秩序、自觉履行生效文书等。当事人做出诸如扰乱庭审秩序、拒绝履行生效判决等行为的，将依法承担相应的法律责任。

【相关案例】

江苏省某市检察院环境公益诉讼支持起诉案

本案是环境污染引起的刑事附带民事案件，在该案的民事赔偿部分，检察机关作为支持起诉方支持起诉，追究化工企业的民事责任。最终，肇事者被判赔偿 1.6 亿元。根据民事诉讼法第 15 条的规定，机关、社会团体、企业事业单位对损害国家、集体或者个人民事权益的行为，可以支持受损害的单位或者个人向人民法院起诉。本案中，被起诉的企业有6家，开庭时有9人出庭，而原告方只有一个，检察机关出庭支持起诉，强化了起诉力度，维护了司法公正，保证了案件取得良好法律效果和社会效果。

【法条指引】

中华人民共和国民事诉讼法（节录）

第五条 外国人、无国籍人、外国企业和组织在人民法院起诉、应诉，同中华人民共和国公民、法人和其他组织有同等的诉讼权利义务。

外国法院对中华人民共和国公民、法人和其他组织的民事诉讼权利加以限制的，中华人民共和国人民法院对该国公民、企业和组织的民事诉讼权利，实行对等原则。

第六条 民事案件的审判权由人民法院行使。

人民法院依照法律规定对民事案件独立进行审判，不受行政机关、社会团体和个人的干涉。

第七条 人民法院审理民事案件，必须以事实为根据，以法律为准绳。

第八条 民事诉讼当事人有平等的诉讼权利。人民法院审理民事案件，应当保障和便利当事人行使诉讼权利，对当事人在适用法律上一律平等。

第十二条 人民法院审理民事案件时，当事人有权进行辩论。

第十三条 民事诉讼应当遵循诚实信用原则。

当事人有权在法律规定的范围内处分自己的民事权利和诉讼权利。

第三节 基本制度

【规则要点】

依据民事诉讼法的规定，人民法院审理民事案件，依照法律规定实行合议、回避、公开审判和两审终审制度。

【理解与适用】

一、合议制度

合议制是由审判人员组成合议庭对案件进行审理，是中国民事诉讼审判组织制度的基本类型，与其相对应的概念是独任制。

（一）合议庭的组成

合议庭可以全部由审判员或者由审判员与陪审员组成，具体的组成情况根据案件审级的不同而有所不同。合议庭确定一名审判长主持合议庭的审判活动，审判长由院长或者庭长指定审判员一人担任；院长或者庭长参加审判的，由院长或者庭长担任。

1. 第一审合议庭

依据民事诉讼法的规定，人民法院在审理第一审民事案件时，由审判员、陪审员共同组成合议庭或者由审判员组成合议庭。陪审员在执行陪审职务时，与审判员有同等的权利义务，但合议庭不能仅由陪审员组成。此外，合议庭的成员人数必须是单数。适用简易程序审理的民事案件不适用合议制，由审判员一人独任审理。

对于发回重审的民事案件，原审人民法院应当按照第一审程序另行组成合议庭。

2. 第二审合议庭

依据民事诉讼法的规定，人民法院在审理第二审民事案件时，只能由审判员组成合议庭，陪审员不能参加二审合议庭的组成。

3. 再审合议庭

依据民事诉讼法的规定，人民法院审理再审案件，原来是第一审的，按照第一审程序另行组成合议庭；原来是第二审的或者是上级人民法院提审的，按照第二审程序另行组成合议庭。

（二）合议庭的职责及评议原则

依据《最高人民法院关于人民法院合议庭工作的若干规定》的规定，合议庭承担下列职责：（1）根据当事人的申请或者案件的具体情况，可以作出财产保全、证据保全、先予执行等裁定；（2）确定案件委托评估、委托鉴定等事项；（3）依法开庭审理第一审、第二审和再审案件；（4）评议案件；(5) 提请院长决定将案件提交审判委员会讨论决定；(6) 按照权限对案件及其有关程序性事项作出裁判或者提出裁判意见；(7) 制作裁判文书；(8) 执行审判委员会决定；(9) 办理有关审判的其他事项。

合议庭评议案件，实行少数服从多数的原则。各合议庭成员权利义务相同，就案件的事实认定和法律适用平等发表意见。评议应当制作笔录，由合议庭成员签名。评议中的不同意见，必须如实记入笔录，评议过程和评议笔录保密。

（三）审判人员的禁止行为

依照民事诉讼法的规定，审判人员应当依法秉公办案。审判人员不得接受当事人及其诉讼代理人请客送礼。审判人员有贪污受贿、徇私舞弊、枉法裁判行为的，应当追究法律责任；构成犯罪的，依法追究刑事责任。

二、回避制度

回避制度，是指为了保证案件的公正，要求与案件有一定利害关系的审判人员和其他人员不得参与本案审判和其他诉讼活动的制度。

（一）回避的对象

回避的对象包括审判人员（包括审判员和人民陪审员）、书记员、翻译人员、鉴定人、勘验人员、执行人员。需要注意的是，证人不适用回避制度。

（二）回避的原因

审判人员有下列情形之一的，应当自行回避，当事人有权申请其回避：(1) 是本案当事人或者当事人近亲属的；(2) 本人或者其近亲属与本案有利害关系的；(3) 担任过本案的证人、鉴定人、辩护人、诉讼代理人、翻译人员的；(4) 是本案诉讼代理人近亲属的；(5) 本人或者其近亲属持有本案非上市公司当事人的股份或者股权的；(6) 与本案当事人或者诉讼代理人有其他利害关系，可能影响公正审理的。

审判人员有下列情形之一的，当事人有权申请其回避：(1) 接受本案当事人及其受托人宴请，或者参加由其支付费用的活动的；(2) 索取、接受本案当事人及其受托人财物或者其他利益的；(3) 违反规定会见本案当事人、诉讼代理人的；(4) 为本案当事人推荐、介绍诉讼代理人，或者为律师、其他人员介绍代理本案的；(5) 向本案当事人及其受托人借用款物的；(6) 有其他不正当行为，可能影响公正审理的。

在一个审判程序中参与过本案审判工作的审判人员，不得再参与该案其他程序的审判。但发回重审的案件，在一审法院作出裁判后又进入第二审程序的，原第二审程序中合议庭组成人员不受上述规定的限制。

(三) 回避的方式

审判人员有应当回避的情形，应当依照民事诉讼法的规定自行回避或者由当事人申请回避。否则，应当由院长或者审判委员会决定其回避。

(四) 申请程序

申请自行回避的，回避主体应当在知道有回避情形时主动提出回避申请，并停止参加本案的审判活动与诉讼程序。当事人及其诉讼代理人申请回避主体回避的，应当在案件审理开始时提出回避申请；如果回避事由是在法庭辩论终结前才知晓的，也可以在法庭辩论终结前向人民法院提出回避申请。当事人及其诉讼代理人申请回避的，应当提出事实并说明理由。

(五) 申请的处理

依据民事诉讼法的规定，院长担任审判长时的回避，由审判委员会决定；审判人员的回避，由院长决定；其他人员的回避，由审判长决定。被申请回避的人员在人民法院作出是否回避的决定前，应当暂停参与本案的工作，但案件需要采取紧急措施的除外。

人民法院对当事人提出的回避申请，应当在申请提出的3日内，以口头或者书面形式作出决定。

(六) 救济

申请人对决定不服的，可以在接到决定时申请复议一次。复议期间，被申请回避的人员，不停止参与本案的工作。人民法院对复议申请，应当在3日内作出复议决定，并通知复议申请人。

三、公开审判制度

公开审判制度，是指人民法院审理民事案件，除法律规定的情况外，审判过程及结果应当向群众、社会公开，允许民众旁听，允许媒体报道，以便接受社会监督。依据民事诉讼法的规定，审判不公开主要包括以下两种情形：

其一，法定不公开。即对于涉及国家秘密的案件、涉及个人隐私的案件以及法律规定的其他案件，依法应当不公开审理。

其二，经申请不公开。即对于离婚诉讼、涉及商业秘密的案件，经当事人申请的，可以不公开审理。

应当注意的是，不论案件是否公开审理，宣判一律公开进行，合议庭评议一律不得公开。

四、两审终审制度

两审终审制度，是指一个民事案件经过两级人民法院审判后即告终结的制度。依据民事诉讼法的规定，中国司法制度适用两审终审制度，但对于部分案件一审终审。一审终审的案件主要包括：

其一，最高人民法院审理的案件，一审终审；

其二，特别程序、督促程序、公示催告程序一审终审；

其三，调解书一审终审；

其四，一般的裁定书一审终审，不得上诉。但存在例外，即裁定不予受理、裁定驳回起诉、管辖权异议裁定可以上诉；

其五，适用小额诉讼程序审理的案件一审终审，包括小额诉讼程序中的实体判决、驳回起诉裁定、管辖权异议裁定；

其六，有关婚姻效力的判决，一经作出，即发生法律效力，一审终审。

【风险提示】

当事人不得出于私利向有关案件的法官行请客送礼等使其受有不当利益而影响案件依法公正审理的行为，否则，不仅涉事法官将因回避制度不能参与有关案件审理，当事人亦将为其扰乱审判秩序的不当行为承担相应的法律责任。

【相关案例】

临汾市尧都区段店乡西孔郭村村民委员会与吴某某承包地征收补偿纠纷上诉案

临汾市尧都区段店乡西孔郭村村民委员会因与吴某某承包地征收补偿

纠纷一案，不服临汾市尧都区人民法院民事判决，向山西省临汾市中级人民法院提起上诉。

法院经审理认为，民事诉讼法第44条第1款第3项规定，审判人员与本案当事人、诉讼代理人有其他关系，可能影响对案件公正审理的应当自行回避。一审审判人员符合上述规定的情形，应当自行回避而未回避，程序违法。依照民事诉讼法第170条第1款第4项规定，裁定撤销一审判决，并将该案件发回临汾市尧都区人民法院重审。

【法条指引】

中华人民共和国民事诉讼法（节录）

第十条　人民法院审理民事案件，依照法律规定实行合议、回避、公开审判和两审终审制度。

第三十九条　人民法院审理第一审民事案件，由审判员、陪审员共同组成合议庭或者由审判员组成合议庭。合议庭的成员人数，必须是单数。

适用简易程序审理的民事案件，由审判员一人独任审理。

陪审员在执行陪审职务时，与审判员有同等的权利义务。

第四十三条　审判人员应当依法秉公办案。

审判人员不得接受当事人及其诉讼代理人请客送礼。

审判人员有贪污受贿，徇私舞弊，枉法裁判行为的，应当追究法律责任；构成犯罪的，依法追究刑事责任。

第四十四条　审判人员有下列情形之一的，应当自行回避，当事人有权用口头或者书面方式申请他们回避：

（一）是本案当事人或者当事人、诉讼代理人近亲属的；

（二）与本案有利害关系的；

（三）与本案当事人、诉讼代理人有其他关系，可能影响对案件公正审理的。

审判人员接受当事人、诉讼代理人请客送礼，或者违反规定会见当事人、诉讼代理人的，当事人有权要求他们回避。

审判人员有前款规定的行为的，应当依法追究法律责任。

前三款规定，适用于书记员、翻译人员、鉴定人、勘验人。

第四十五条 当事人提出回避申请，应当说明理由，在案件开始审理时提出；回避事由在案件开始审理后知道的，也可以在法庭辩论终结前提出。

被申请回避的人员在人民法院作出是否回避的决定前，应当暂停参与本案的工作，但案件需要采取紧急措施的除外。

第四节　当事人

【规则要点】

民事诉讼中的当事人，是指因民事权利义务发生争议，以自己的名义进行诉讼要求人民法院行使审判权的人。当事人应当具有民事诉讼权利能力与行为能力，并就个案而言为适格当事人。民事诉讼中的当事人包括民事诉讼的原告、被告、共同诉讼人、诉讼代表人以及第三人。

【理解与适用】

一、当事人概述

（一）当事人的范围

民事诉讼中的当事人，是指因民事权利义务发生争议，以自己的名义进行诉讼要求人民法院行使审判权的人，包括民事诉讼的原告、被告、共同诉讼人、诉讼代表人以及第三人。

（二）诉讼权利能力和诉讼行为能力

1. 诉讼权利能力

诉讼权利能力，是指可以作为民事诉讼当事人的能力或资格。依据民事诉讼法的规定，公民、法人和其他组织都具有民事诉讼权利能力，都可以成为民事诉讼当事人。对于自然人而言，其民事诉讼权利能力始于出生，终于死亡；对于法人和其他组织而言，其民事诉讼权利能力始于依法成立并登记，终于依法注销。

根据《最高人民法院关于适用〈中华人民共和国民事诉讼法〉

的解释》（以下简称《民诉解释》）的规定，上述其他组织是指合法成立、有一定的组织机构和财产，但又不具备法人资格的组织，包括：(1) 依法登记领取营业执照的个人独资企业；(2) 依法登记领取营业执照的合伙企业；(3) 依法登记领取我国营业执照的中外合作经营企业、外资企业；(4) 依法成立的社会团体的分支机构、代表机构；(5) 依法设立并领取营业执照的法人的分支机构；(6) 依法设立并领取营业执照的商业银行、政策性银行和非银行金融机构的分支机构；(7) 经依法登记领取营业执照的乡镇企业、街道企业；(8) 其他符合《民诉解释》第 52 条规定条件的组织。

2. 诉讼行为能力

诉讼行为能力，是指亲自参加诉讼行使诉讼权利，承担诉讼义务的能力。法人和其他组织的诉讼行为能力与诉讼权利能力同时产生、同时消灭。对于自然人来说，16 周岁以上的，以自己的劳动收入为主要生活来源的未成年人以及 18 周岁以上的成年人、且精神状况正常的，具有诉讼行为能力，否则即为无诉讼行为能力人。

（三）当事人适格

1. 当事人适格的判断

当事人适格，是指针对具体的诉讼有作为本案当事人起诉或应诉的资格，也称为正当当事人。

原则上，本案所争议的民事法律关系（即本案诉讼标的）的主体即为本案适格当事人。如合同纠纷的合同双方当事人是适格当事人、侵权纠纷的行为人和受害人是适格当事人等。

但有一些主体并非本案争议的民事法律关系的主体，仍然可以成为本案的适格当事人，主要包括以下两类：

(1) 在请求法院判决某一民事法律关系存在或者不存在的诉讼（即确认之诉）中，对诉讼标的有确认利益的人，是该诉讼的适格当事人。

(2) 根据当事人的意思或法律规定，依法对他人民事法律关系或民事权利享有管理权的主体，是相关诉讼的适格当事人。主要包括失踪人的财产代管人、遗产管理人和遗嘱执行人、股东代表诉讼中的股东、经作者授权的著作权集体管理组织、为保护死者名誉而起诉的近亲属等。

2. 法律规定的适格当事人

民事诉讼法、《民诉解释》对一些特殊的适格当事人进行了规定，主要有以下 13 种。

（1）个人合伙。在诉讼中，未依法登记领取营业执照的个人合伙的全体合伙人为共同诉讼人。个人合伙有依法核准登记的字号的，应在法律文书中注明登记的字号。全体合伙人可以推选代表人；被推选的代表人，应由全体合伙人出具推选书。

（2）个体工商户。个体工商户以营业执照上登记的经营者为当事人。有字号的，以营业执照上登记的字号为当事人，但应同时注明该字号经营者的基本信息。

营业执照上登记的经营者与实际经营者不一致的，以登记的经营者和实际经营者为共同诉讼人。

（3）无民事行为能力人、限制民事行为能力人造成他人损害的，无民事行为能力人、限制民事行为能力人和其监护人为共同被告。

（4）村民委员会或者村民小组与他人发生民事纠纷的，村民委员会或者有独立财产的村民小组为当事人。

（5）以挂靠形式从事民事活动，当事人请求由挂靠人和被挂靠人依法承担民事责任的，该挂靠人和被挂靠人为共同诉讼人。

（6）法人或者其他组织的工作人员执行工作任务造成他人损害的，该法人或者其他组织为当事人。但有下列情形之一的，以行为人为当事人：

A. 法人或者其他组织应登记而未登记，行为人即以该法人或者其他组织名义进行民事活动的；

B. 行为人没有代理权、超越代理权或者代理权终止后以被代理人名义进行民事活动的，但相对人有理由相信行为人有代理权的除外；

C. 法人或者其他组织依法终止后，行为人仍以其名义进行民事活动的。

（7）企业法人解散的，依法清算并注销前，以该企业法人为当事人；未依法清算即被注销的，以该企业法人的股东、发起人或者出资人为当事人。

（8）法人非依法设立的分支机构，或者虽依法设立，但没有领取营业执照的分支机构，以设立该分支机构的法人为当事人。

（9）提供劳务一方因劳务造成他人损害，受害人提起诉讼的，以接受劳务一方为被告。

（10）在劳务派遣期间，被派遣的工作人员因执行工作任务造成他人损害的，以接受劳务派遣的用工单位为当事人。当事人主张劳务派遣单位承担责任的，该劳务派遣单位为共同被告。

（11）保证法律关系中适格当事人的确定：

A. 一般保证：

a. 债权人仅起诉债务人（即被保证人），以债务人为被告；

b. 债权人仅起诉保证人，法院应当将债务人列为共同被告；

c. 债权人一并起诉债务人和保证人，债务人和保证人为共同被告，但法院在判决书中应当明确对债务人的财产依法强制执行后仍不能履行义务的，由保证人承担保证责任。

B. 连带保证：

a. 债权人仅起诉债务人，以债务人为被告；

b. 债权人仅起诉保证人，以保证人为被告；

c. 债权人一并起诉债务人和保证人，法院应当将债权人和保证人列为共同被告。

（12）对侵害死者遗体、遗骨以及姓名、肖像、名誉、荣誉、隐私等行为提起诉讼的，死者的近亲属为当事人。

（13）公益诉讼中适格当事人的确定：

对污染环境、侵害众多消费者合法权益等损害社会公共利益的行为，法律规定的机关和有关组织可以向人民法院提起诉讼。依照环境保护法和消费者权益保护法的规定，对污染环境、破坏生态，损害社会公共利益的行为，可以由依法在设区的市级以上人民政府民政部门登记并且专门从事环境保护公益活动连续5年以上且无违法记录的社会组织向人民法院提起诉讼；对侵害众多消费者合法权益的行为，中国消费者协会以及在省、自治区、直辖市设立的消费者协会，可以向人民法院提起诉讼。

人民检察院在履行职责中发现破坏生态环境和资源保护、食品药品安全领域侵害众多消费者合法权益等损害社会公共利益的行为，在没有上述规定的机关和组织或者上述规定的机关和组织不提起诉讼的情况下，可以向人民法院提起诉讼。上述规定的机关或者组织提起诉讼的，人民检察院可以支持起诉。

（四）当事人变更

当事人变更，是指在诉讼中，根据法律的规定或基于当事人的意思，原诉讼当事人被变更或者被变动为新的当事人，主要有以下情形：

1. 自然人死亡。自然人当事人死亡，其民事权利义务发生继承，由其继承人继承诉讼权利义务，进行诉讼。但该民事权利义务具有人身专属性的除外。

2. 法人或其他组织合并、分立，由合并或者分立后的法人或者其他组织承担诉讼权利义务，进行诉讼。

二、共同诉讼人

（一）共同诉讼概述

诉讼一方或双方为两人以上，发生纠纷的实体民事法律关系同一或者同种类，在诉讼过程中合并审理的诉讼形式为共同诉讼。其中因当事人发生纠纷的实体民事法律关系同一而必须合并审理的共同诉讼成为必要共同诉讼；当事人发生纠纷的实体民事法律关系同种类，法院认为可以合并、当事人也同意合并的称为普通共同诉讼。

（二）普通共同诉讼

普通共同诉讼，是指当事人的一方或双方为两人以上，其发生纠纷的实体民事法律关系属于同一种类，当事人同意合并诉讼，人民法院认为可以合并审理的诉讼。常见的普通共同诉讼如因产品存在瑕疵，多个消费者请求销售者承担违约责任而发生的共同诉讼，再如行为人排污致使周边居民遭受损失，多个居民请求行为人承担侵权责任而发生的共同诉讼。

普通共同诉讼中，各共同诉讼人之间行为独立，其行为对其他共同诉讼人没有效力。

普通共同诉讼可以共同起诉或应诉，也可以分别起诉或应诉，法院可合并，也可以分开审理，合并审理时，应当分别判决。

（三）必要共同诉讼

1. 必要共同诉讼概述

必要共同诉讼，是指当事人的一方或双方为两人以上，其发生纠纷的实体民事法律关系同一，法院必须合并审理并且在裁判中对该实体民事法律关系合一确定。

在必要共同诉讼中，一人的诉讼行为经其他共同诉讼人承认，对其他共同诉讼人生效。

2. 必要共同诉讼的情形

依据《民诉解释》及其他司法解释的规定，能够引起必要共同诉讼的具体情形有以下15种。

（1）以挂靠形式从事民事活动，当事人请求由挂靠人和被挂靠人依法承担民事责任的，该挂靠人和被挂靠人为共同诉讼人。

（2）个体工商户营业执照上登记的经营者与实际经营者不一致的，以登记的经营者和实际经营者为共同诉讼人。

（3）未依法登记领取营业执照的个人合伙的全体合伙人为共同诉讼人。

（4）企业法人分立的，因分立前的民事活动发生的纠纷，以分立后的企业为共同诉讼人。

（5）企业法人未依法清算即被注销的，以该企业的股东、发起人或者出资人为当事人。

（6）借用业务介绍信、合同专用章、盖章的空白合同书或者银行账户的，出借单位和借用人为共同诉讼人。

（7）在追索赡养费案件中，应当将所有赡养义务人列为共同被告。

（8）在继承遗产的诉讼中，部分继承人起诉的，人民法院应通知其他继承人作为共同原告参加诉讼；被通知的继承人不愿意参加诉讼又未明确表示放弃实体权利的，人民法院仍应将其列为共同原告。

（9）原告起诉被代理人和代理人，要求承担连带责任的，被代理人和代理人为共同被告。

（10）共有财产权受到他人侵害，部分共有权人起诉的，其他共有权人为共同诉讼人。

（11）因保证合同纠纷提起的诉讼，债权人向保证人和被保证人一并主张权利的，人民法院应当将保证人和被保证人列为共同被告。保证合同约定为一般保证，债权人仅起诉保证人的，人民法院应当通知被保证人作为共同被告参加诉讼；债权人仅起诉被保证人的，可以只列被保证人为被告。

（12）无民事行为能力人、限制民事行为能力人造成他人损害的，无民事行为能力人、限制民事行为能力人和其监护人为共同被告。

（13）在劳务派遣期间，被派遣的工作人员因执行工作任务造成他人损害的，以接受劳务派遣的用工单位为当事人。当事人主张劳务派遣单位承担责任的，该劳务派遣单位为共同被告。

（14）用人单位招用尚未解除劳动合同的劳动者，原用人单位以新的用人单位和劳动者共同侵权为由向人民法院起诉的，应将新的用人单位和劳动者列为共同被告。

（15）因共同侵权、共同危险致人损害的，共同侵权人、共同危险人为共同诉讼人。

3. 必要共同诉讼人的追加

必须共同参加诉讼的当事人没有参加诉讼时，受诉法院应当通知其参加，同时应当通知其他当事人。应当追加的原告，如果他已经明确表示放弃实体权利的，法院可不予追加；既不明确表示放弃实体权利，又不参加诉讼的，法院仍应追加其为共同原告；若其坚持不参加诉讼的，不影响法院对该案的审理和判决。当事人主动申请参加到共同诉讼中来的，受诉法院应当进行审查；申请有理的，书面通知其参加诉讼；申请无理的，裁定驳回申请。

三、诉讼代表人

（一）诉讼代表人概述

依据民事诉讼法、《民诉解释》的规定，当事人一方或双方人数众多（一般为10人以上）的情况下，由人数众多一方或双方推举出2至5名代表，代表本方当事人进行诉讼活动。

诉讼代表人，可以根据所代表的当事人人数是否确定，分为人数确定的代表人诉讼和人数不确定的代表人诉讼。起诉时，人数众多的一方当事人人数确定，为人数确定的代表人之诉；起诉时，人数众多的一方当事人人数不确定，为人数不确定的代表人之诉。

（二）代表人的权限

代表人的诉讼行为对其所代表的当事人发生效力。

但代表人放弃、变更、承认诉讼请求，进行和解必须经被代表的当事人同意。

（三）人数确定的代表人之诉

人数确定的代表人之诉在起诉时，人数众多的一方当事人人数确定，可以是必要共同诉讼，也可以是普通共同诉讼。

人数确定的代表人之诉中代表人的确定，应当由全体当事人推选共同代表人或者部分当事人推选自己的代表人。选不出代表人的，必要共同诉讼的当事人自己参加诉讼，普通共同诉讼的当事人自己另行起诉。

（四）人数不确定的代表人之诉

人数不确定的代表人之诉在起诉时人数不确定，只能是普通共同诉讼。

人数不确定的代表人之诉中代表人的确定，应当由当事人推选代表人。当事人推选不出的，可以由人民法院提出人选与当事人协商。协商不成的，也可以由人民法院在起诉的当事人中指定代表人。

对于人数不确定的代表人诉讼，人民法院可以发出公告，通知权利人向人民法院登记。公告期间根据案件的具体情况确定，但不得少于30日。

向人民法院登记的权利人，应当证明其与对方当事人的法律关系和所受到的损害。证明不了的，法院不予登记，权利人可以另行起诉。人民法院的裁判在登记的范围内执行。未参加登记的权利人提起诉讼，人民法院认定其请求成立的，裁定适用人民法院已作出的判决、裁定（人数不确定的代表人之诉的判决对未参加登记的权利人有预决效力）。

四、第三人

民事诉讼中的第三人，是指原、被告之外的利害关系人，由于与案件的审理结果有法律上的利害关系或者对原、被告之间争议的诉讼标的实体民事权利义务关系（诉讼标的）享有独立请求权，因而参加到原、被告之间已经开始的诉讼中的第三方当事人。以第三人对原、被告双方争议的实体民事权利义务关系是否享有独立的请求权，可以将第三人分为有独立请求权的第三人和无独立请求权的第三人。

（一）有独立请求权的第三人

有独立请求权的第三人，是对本诉当事人争议的实体民事权利义务关系有独立的请求权，为了维护自己的权利而参加诉讼的人。

1. 诉讼地位

有独立请求权的第三人认为原、被告的权利主张侵犯了自己的权利，为主张自己的权利，而将原告和被告一并作为被告，提起独立的诉讼请求。在诉讼中相当于原告，享有相应的诉讼权利并承担诉讼义务，但是无权提起管辖权异议。

2. 参诉方式

有独立请求权的第三人有权向人民法院提出诉讼请求和事实、理由，成为当事人，法院不得主动追加其参加诉讼。

有独立请求权的第三人在一审案件受理后、辩论终结前参加诉讼。第一审程序中未参加诉讼，申请参加第二审程序的，二审法院可以根据当事人自愿的原则予以调解；调解不成的，发回重审。

（二）无独立请求权的第三人

无独立请求权的第三人，是对原、被告争议的实体民事权利义务关系没有独立请求权，但与案件处理结果有法律上的利害关系而参加诉讼的人。

1. 诉讼地位

无独立请求权的第三人无权提出管辖异议，无权放弃、变更诉讼请求或者申请撤诉，被判决承担民事责任的，有权提起上诉。

调解需要确定无独立请求权的第三人承担义务的，需要经过无独立请求权的第三人同意，调解书应当送达无独立请求权的第三人，无独立请求权的第三人签收前反悔的，调解书不生效，法院应当及时判决。

2. 参诉方式

无独立请求权的第三人，可以申请或者由人民法院通知参加诉讼。第一审程序中未参加诉讼的第三人，申请参加第二审程序的，人民法院可以准许。

3. 依法不能作为第三人的情形

依照《最高人民法院关于在经济审判工作中严格执行〈中华人民共和国民事诉讼法〉的若干规定》，下列人员不得作为无独立请求权的第三人参加诉讼：

（1）与原、被告双方争议的实体民事权利义务关系无直接牵连和不负返还或者赔偿义务的人。

（2）与原告或者被告约定仲裁或有约定管辖的案外人，或者专属管辖案件的一方当事人。

（3）产品质量纠纷中原、被告法律关系之外的下列人员：

A. 证据证明其已经提供了合同约定或符合法律规定的产品的人；

B. 案件中的当事人未在规定的质量异议期内向其提出异议的人；

C. 案件中的收货方已经认可其提供产品质量的人。

（4）已经履行义务，或者依法取得了一方当事人财产，并支付了相应对价的原、被告法律关系之外的人。

【相关案例】

谭某某与武汉华菱富通机电有限公司、武汉尊响休闲娱乐有限责任公司生命权、健康权、身体权纠纷案

上诉人武汉华菱富通机电有限公司（简称“华菱富通公司”）与被上诉人谭某某、原审被告武汉尊响休闲娱乐有限责任公司（简称“尊响娱乐公司”）生命权、健康权、身体权纠纷一案，湖北省武汉市黄陂区人民法院于2016年5月20日作出民事判决，上诉人华菱富通公司不服该判决，向武汉市中级人民法院提起上诉，认为一审判决将其追加为第三人的行为错误，请求撤销一审判决。

法院经审理认为，上诉人与原审被告共同侵害被上诉人合法权益，应当依法共同承担被上诉人因侵权遭受的损失。根据《民诉解释》第73条“必须共同诉讼的当事人没有参加诉讼的，人民法院应当依照民事诉讼法第一百三十二条的规定，通知其参加；当事人也可以向人民法院申请追加，人民法院对当事人提出的申请，应当进行审查，申请理由不成立的，裁定驳回；申请理由成立的，书面通知被追加的当事人参加诉讼”的规定，原审法院依据案件当事人尊响娱乐公司的追加申请，认为只有追加华菱富通公司为案件当事人，才能查明事实，划清责任，因此，原审同意追加华菱富通公司为案件当事人并无不当，故本院对此不予支持。经考虑其他因素，对上诉人的其他诉求亦不予支持。遂驳回上诉，维持原判。

【法条指引】

中华人民共和国民事诉讼法（节录）

第四十八条 公民、法人和其他组织可以作为民事诉讼的当事人。

法人由其法定代表人进行诉讼。其他组织由其主要负责人进行诉讼。

第四十九条 当事人有权委托代理人，提出回避申请，收集、提供证据，进行辩论，请求调解，提起上诉，申请执行。

当事人可以查阅本案有关材料，并可以复制本案有关材料和法律文书。查阅、复制本案有关材料的范围和办法由最高人民法院规定。

当事人必须依法行使诉讼权利，遵守诉讼秩序，履行发生法律效力的判决书、裁定书和调解书。

第五节 诉讼代理人

【规则要点】

诉讼代理人，是指以当事人的名义，在法律规定或当事人授予的权限范围内，为当事人的利益进行诉讼活动的人，包括法定诉讼代理人和委托诉讼代理人。

【理解与适用】

一、法定诉讼代理人

法定诉讼代理人，是指依照法律规定代理无诉讼行为能力的当事人进行民事诉讼的人。法定诉讼代理人的范围和代理权限均由法律直接规定。

（一）法定诉讼代理人的范围

依据民事诉讼法、民法总则及相关司法解释规定，无诉讼行为能力人由他的监护人作为法定诉讼代理人进行诉讼，包括未成年人的监护人和无民事行为能力或限制民事行为能力的成年人的监护人。

1. 未成年人的监护人

依据民法总则的规定，父母是未成年子女的监护人。未成年人的父母已经死亡或者没有监护能力的，由下列有监护能力的人按顺序担任监护人：(1) 祖父母、外祖父母；(2) 兄、姐；(3) 其他愿意担任监护人的个人或者组织，但是须经未成年人住所地的居民委员会、村民委员会或者民政部门同意。

2. 无民事行为能力或限制行为能力的成年人的监护人

依据民法总则的规定，无民事行为能力或者限制民事行为能力的成年人，由下列有监护能力的人按顺序担任监护人：（1）配偶；（2）父母、子女；（3）其他近亲属；（4）其他愿意担任监护人的个人或者组织，但是须经被监护人住所地的居民委员会、村民委员会或者民政部门同意。

事先没有确定监护人的，可以由有监护资格的人协商确定；协商不成的，由人民法院在他们之中指定诉讼中的法定诉讼代理人。

当事人没有上述规定的监护人的，人民法院可以指定民政部门担任，也可以由具备履行监护职责条件的被监护人住所地的居民委员会、村民委员会担任。

（二）法定诉讼代理人的代理权限

监护人作为无诉讼行为能力人的法定诉讼代理人进行诉讼，为维护被代理人的合法权益，享有被代理人所享有的全部诉讼权利，包括与对方当事人和解，承认、放弃、变更诉讼请求，提起反诉或者上诉的权利。

（三）法定诉讼代理权限的消灭

法定诉讼代理权限源自代理人与被代理人之间的监护关系。在诉讼持续期间，法定诉讼代理人监护权的丧失将导致法定诉讼代理权的消灭。代理权一旦消灭，原法定诉讼代理人即应当退出诉讼。

依据民法总则的规定，监护人丧失监护权包括以下两种情况：

1. 监护资格被撤销

监护人有下列情形之一的，人民法院根据有关个人或者组织的申请，撤销其监护人资格，安排必要的临时监护措施，并按照最有利于被监护人的原则依法指定监护人：（1）实施严重损害被监护人身心健康行为的；（2）怠于履行监护职责，或者无法履行监护职责并且拒绝将监护职责部分或者全部委托给他人，导致被监护人处于危困状态的；（3）实施严重侵害被监护人合法权益的其他行为的。

2. 监护关系终止

有下列情形之一的，监护关系终止：（1）被监护人取得或者恢复完全民事行为能力；（2）监护人丧失监护能力；（3）被监护人或者监护人死亡；(4) 人民法院认定监护关系终止的其他情形。

监护关系终止后，被监护人仍然需要监护的，应当依法另行确定监护人。

代理诉讼的监护人如在诉讼过程中丧失监护权，应当及时告知人民法院，并退出诉讼。

二、委托诉讼代理人

委托诉讼代理人，是指受当事人、法定诉讼代理人委托并以当事人的名义在授权范围内进行民事诉讼活动的人。

(一) 委托诉讼代理人的范围

委托诉讼代理人应当具有完全民事行为能力，无民事行为能力人、限制民事行为能力人以及其他依法不能作为诉讼代理人的，当事人不得委托其作为诉讼代理人。依据民事诉讼法的规定，在民事诉讼中下列人员可以被委托作为诉讼代理人参加诉讼。

1. 律师、基层法律服务工作者

在中国，律师是指依法取得律师执业证书，为社会提供法律服务的执业人员；基层法律服务工作者是指符合法律规定的执业条件，经司法行政机关核准取得基层法律服务工作者执业证，在基层法律服务所中执业，为社会提供法律服务的人员。

2. 当事人的近亲属或者工作人员

如果当事人为自然人，其近亲属可以被委托作为诉讼代理人参加诉讼；如果当事人为法人或者其他组织，其工作人员可以被委托作为诉讼代理人参加诉讼。根据《民诉解释》的规定，当事人的近亲属是指与当事人有夫妻、直系血亲、三代以内旁系血亲、近姻亲关系以及其他有抚养、赡养关系的亲属；当事人的工作人员是指与当事人有合法劳动人事关系的职工。

3. 当事人所在社区、单位以及有关的社会团体推荐的公民

其中，有关社会团体推荐公民担任诉讼代理人的，应当符合下列条件：(1) 社会团体属于依法登记设立或者依法免予登记设立的非营利性法人组织；(2) 被代理人属于该社会团体的成员，或者当事人一方住所地位于该社会团体的活动地域；(3) 代理事务属于该社会团体章程载明的业务范围；(4) 被推荐的公民是该社会团体的负责人或者与该社会团体有合法

劳动人事关系的工作人员。专利代理人经中华全国专利代理人协会推荐，可以在专利纠纷案件中担任诉讼代理人。

当事人、法定代理人可以委托 1 到 2 人作为诉讼代理人参加诉讼。如果委托 2 人代理民事诉讼，授权委托书应当分别记名委托事项和代理权限，以免诉讼代理人之间因意见不一致而影响诉讼的正常进行。

（二）委托诉讼代理人的代理权限

委托诉讼代理人只能在当事人、法定代理人授权的范围内进行诉讼代理活动，其超越被代理人授权范围实施的诉讼行为，只有得到被代理人的追认方得有效，否则属于无效的代理行为，应当由代理人承担相应的法律后果。

授权委托书必须记明委托事项和权限，诉讼代理人代为承认、放弃、变更诉讼请求，进行和解，提起反诉或者上诉，必须有委托人的特别授权。授权委托书仅写“全权代理”等字样而无具体授权的，诉讼代理人无权代为承认、放弃、变更诉讼请求，进行和解，提出反诉或者提起上诉。

当事人如果在授权委托书中，没有写明代理人在执行程序中有代理权及具体的代理事项，代理人的代理权仅限于第一审或者第二审程序，在执行程序中没有代理权。

此外，代理诉讼的律师和其他诉讼代理人有权调查收集证据，可以查阅案件有关材料。

当事人委托诉讼代理人后，可以与委托诉讼代理人一起出庭参加诉讼，除必须到庭外，也可以不必出庭而仅由委托代理人单独出庭。依据民事诉讼法的规定，离婚案件有诉讼代理人的，本人除不能表达意志的以外，仍应出庭；确因特殊情况无法出庭的，必须向人民法院提交离婚与否的书面意见。

委托诉讼代理人取得被代理人授权后，在未经被代理人同意或者追认的情况下不得转委托他人代为进行诉讼，但在紧急情况下需要转委托他人代为进行诉讼的除外。

（三）委托诉讼代理权限的取得和消灭

委托诉讼代理权基于当事人、法定代理人的授权委托而产生，授权委托必须以书面方式进行。依据民事诉讼法的规定，委托他人代为诉讼，必须向人民法院提交由委托人签名或者盖章的授权委托书，授权委托书必须记明委托事项和权限。

为保证来自国外的授权委托书的真实性，侨居在国外的中华人民共和国公民从国外寄交或者托交的授权委托书，必须经中华人民共和国驻该国的使领馆证明；没有使领馆的，由与中华人民共和国有外交关系的第三国驻该国的使领馆证明，再转由中华人民共和国驻该第三国使领馆证明，或者由当地的爱国华侨团体证明。

诉讼代理人除根据民事诉讼法的规定提交授权委托书外，还应当按照下列规定向人民法院提交相关材料：

其一，律师应当提交律师执业证、律师事务所证明材料；

其二，基层法律服务工作者应当提交基层法律服务工作者执业证、基层法律服务所出具的介绍信以及当事人一方位于本辖区内的证明材料；

其三，当事人的近亲属应当提交身份证件和与委托人有近亲属关系的证明材料；

其四，当事人的工作人员应当提交身份证件和与当事人有合法劳动人事关系的证明材料；

其五，当事人所在社区、单位推荐的公民应当提交身份证件、推荐材料和当事人属于该社区、单位的证明材料；

其六，有关社会团体推荐的公民应当提交身份证件和关于其符合《民诉解释》就有关社会团体推荐公民作为诉讼代理人规定条件的证明材料。

当事人向人民法院提交的授权委托书，应当在开庭审理前送交人民法院。适用简易程序审理的案件，双方当事人同时到庭并径行开庭审理的，可以当场口头委托诉讼代理人，由人民法院记入笔录。

委托诉讼代理关系成立以后，被代理人可以在法律许可的范围内变更或者解除代理事项。诉讼代理人的权限如果被变更或者解除，当事人应当书面告知人民法院，并由人民法院通知对方当事人。否则，诉讼代理权的变更或者解除不对人民法院和对方当事人发生效力，委托诉讼代理人实施的代理人行为仍然有效。

委托诉讼代理权因下列情况而消灭：(1) 代理期间届满或者代理事务完成；(2) 被代理人取消委托或者代理人辞去委托；(3) 代理人丧失民事行为能力；(4) 代理人或者被代理人死亡；(5) 作为代理人或者被代理人的法人、非法人组织终止。

为使诉讼程序圆满、迅速地进行，并且基于对被代理人的继承人和对方当事人的利益的考虑，被代理人死亡后，有下列情形之一的，委托代理人实施的诉讼代理行为有效：（1）代理人不知道并且不应当知道被代理人死亡；（2）被代理人的继承人予以承认；（3）授权中明确诉讼代理权在代理事务完成时终止；（4）委托诉讼代理人在被代理人死亡前已经实施了相关诉讼代理行为，为了被代理人的继承人的利益继续代理。

作为被代理人的法人、非法人组织终止的，参照适用上述规定。

【风险提示】

诉讼代理人法律水平的高低以及其道德水平的良好与否将直接影响有关民事案件的审理，并进而影响到被代理人的利益。因此，被代理人应当根据自己的需要，选择适合的、有能力胜任代理工作的代理人代理民事诉讼。

此外，代理人在选择诉讼代理人后需要变更、解除其代理权限的，应当依法及时告知人民法院，否则，该行为不对人民法院及案件当事人发生效力，被代理人可能因此遭受损失。

【相关案例】

袁某某等诉中国农业银行股份有限公司天镇县支行等小额借款合同纠纷案

上诉人袁某某、刘某某因与被上诉人中国农业银行股份有限公司天镇县支行、原审被告罗某某、邓某某小额借款合同纠纷一案，不服山西省大同市天镇县人民法院民事判决，向山西省大同市中级人民法院提起上诉。

法院经审理认为，本案二审审理过程中，邓某甲向本院递交了由袁某某、刘某某分别为其出具的授权委托书，本院询问邓某甲的身份情况时，邓某甲称其与邓某某为亲兄弟，与袁某某、刘某某、罗某某无近亲属关系。一审庭审中，邓某甲一人代理袁某某、刘某某、罗某某、邓某某出庭应诉参加了诉讼活动。民事诉讼法第58条规定：“当事人、法定代理人可以委托一至二人作为诉讼代理人。下列人员可以被委托为诉讼代理人：

（一）律师、基层法律服务工作者；（二）当事人的近亲属或者工作人员；（三）当事人所在社区、单位以及有关社会团体推荐的公民。”邓某甲非律师或基层法律服务工作者，也不是当事人所在社区、单位及有关社会团体推荐的公民，并且其与袁某某、刘某某、罗某某之间也不存在近亲属关系。因此，邓某甲代理袁某某、刘某某、罗某某参加一审庭审活动违反上述法律规定，属于无权代理，不具有法律效力。同时，袁某某系本案所涉借款合同的借款人，罗某某、邓某某系该借款合同的担保人，袁某某与罗某某、邓某某之间存在利益冲突，由同一人代理参加诉讼明显不妥。综上所述，依法裁定撤销一审民事判决，并将本案发回一审法院重审。

【法条指引】

中华人民共和国民事诉讼法（节录）

第五十八条 当事人、法定代理人可以委托一至二人作为诉讼代理人。

下列人员可以被委托为诉讼代理人：

（一）律师、基层法律服务工作者；

（二）当事人的近亲属或者工作人员；

（三）当事人所在社区、单位以及有关社会团体推荐的公民。

第五十九条 委托他人代为诉讼，必须向人民法院提交由委托人签名或者盖章的授权委托书。

授权委托书必须记明委托事项和权限。诉讼代理人代为承认、放弃、变更诉讼请求，进行和解，提起反诉或者上诉，必须有委托人的特别授权。

侨居在国外的中华人民共和国公民从国外寄交或者托交的授权委托书，必须经中华人民共和国驻该国的使领馆证明；没有使领馆的，由与中华人民共和国有外交关系的第三国驻该国的使领馆证明，再转由中华人民共和国驻该第三国使领馆证明，或者由当地的爱国华侨团体证明。

第六十一条 代理诉讼的律师和其他诉讼代理人有权调查收集证据，可以查阅本案有关材料。查阅本案有关材料的范围和办法由最高人民法院规定。

第六节 法院与管辖

【规则要点】

中华人民共和国人民法院的组织体系由最高人民法院、地方各级人民法院和专门人民法院组成，各法院在法律规定的范围内行使职权。人民法院依据主管规则确定受理的民商事案件范围，并依据管辖规则确定具体案件的审理法院。

【理解与适用】

一、法院的组织和职权

依照《中华人民共和国人民法院组织法》的规定，我国人民法院的组织体系由最高人民法院、地方各级人民法院和专门人民法院组成。地方各级人民法院分为高级人民法院、中级人民法院和基层人民法院。

（一）最高人民法院

最高人民法院是国家最高审判机关，负责审理各类案件，包括法律规定由其管辖的和其认为应当由自己管辖的第一审案件；对高级人民法院判决和裁定的上诉、抗诉案件；按照全国人民代表大会常务委员会的规定提起的上诉、抗诉案件；按照审判监督程序提起的再审案件以及高级人民法院报请核准的死刑案件。此外，最高人民法院负责制定司法解释，监督地方各级人民法院和专门人民法院的审判工作，对全国人民代表大会负责，并依照法律确定的职责范围，负责全国法院的司法行政工作。

（二）高级人民法院

高级人民法院是设在省、自治区、直辖市一级的法院，是地方各级人民法院的最高层次。高级人民法院负责审理法律规定由其管辖的第一审案件；下级人民法院报请审理的第一审案件；最高人民法院指定管辖的第一审案件；对中级人民法院判决和裁定的上诉、抗诉案件；按照审判监督程序提起的再审案件以及中级人民法院报请复核的死刑案件。此外，高级人民法院监督下级人民法院的审判工作。

（三）中级人民法院

中级人民法院包括：在省、自治区内按地区设立的中级人民法院；在直辖市内设立的中级人民法院；在省、自治区辖市设立的中级人民法院；在自治州设立的中级人民法院。

中级人民法院负责审理法律规定由其管辖的第一审案件；基层人民法院报请审理的第一审案件；上级人民法院指定管辖的第一审案件；对基层人民法院判决和裁定的上诉、抗诉案件；按照审判监督程序提起的再审案件。此外，中级人民法院监督辖区内基层人民法院的审判工作。

（四）基层人民法院

基层人民法院包括县、自治县人民法院；不设区的市人民法院以及市辖区人民法院。此外，基层人民法院根据地区、人口和案件情况，可以在辖区内设立若干人民法庭。人民法庭是基层人民法院的组成部分，它的判决和裁定就是基层人民法院的判决和裁定。

基层人民法院审判第一审刑事、民事、行政案件，但是法律另有规定的案件除外。此外，基层人民法院还为人民调解委员会的调解工作进行业务指导。

（五）专门人民法院

专门人民法院包括军事法院、海事法院、铁路运输法院、知识产权法院和金融法院等。

军事法院是设立在中国人民解放军中的审判机关。军事法院分三级，不服其最高级的中国人民解放军军事法院一审判决的案件，可以上诉至最高人民法院。军事法院负责审理军职人员的犯罪案件和依照法律规定或者最高人民法院授权由它管辖的其他案件。根据《最高人民法院关于军事法院管辖民事案件若干问题的规定》，下列民事案件，由军事法院管辖：（1）双方当事人均为军人或者军队单位的案件，但法律另有规定的除外；（2）涉及机密级以上军事秘密的案件；（3）军队设立选举委员会的选民资格案件；（4）认定营区内无主财产案件。

另外，下列民事案件，地方当事人向军事法院提起诉讼或者提出申请的，军事法院应当受理：（1）军人或者军队单位执行职务过程中造成他人损害的侵权责任纠纷案件；（2）当事人一方为军人或者军队单位，侵权行为发生在营区内的侵权责任纠纷案件；（3）当事人一方为军人的婚姻家庭纠纷案件；（4）属于专属管辖的不动产所在地、港口所在地、被继承人死亡时住所地或者主要遗产所在地在营区内，且当事人一方为军人或者军队单位的案件；（5）申请宣告军人失踪或者死亡的案件；（6）申请认定军人无民事行为能力或者限制民事行为能力的案件。

海事法院审判海事案件、海商案件和依照法律规定由它管辖的案件。目前，中国的广州、上海、青岛、天津、大连、武汉、海口、厦门、宁波、北海等港口城市设立了海事法院。海事法院相同于地方人民法院的中级人民法院建制，对海事法院判决和裁定的上诉案件由其所在地的高级人民法院审理。

铁路运输法院分设两级，即铁路运输中级法院和铁路运输基层法院。根据《最高人民法院关于铁路运输法院案件管辖范围的若干规定》，除管辖一定范围内的刑事案件外，铁路运输法院还管辖下列涉及铁路运输、铁路安全、铁路财产的民事诉讼：（1）铁路旅客和行李、包裹运输合同纠纷；（2）铁路货物运输合同和铁路货物运输保险合同纠纷；（3）国际铁路联运合同和铁路运输企业作为经营人的多式联运合同纠纷；（4）代办托运、包装整理、仓储保管、接取送达等铁路运输延伸服务合同纠纷；（5）铁路运输企业在装卸作业、线路维修等方面发生的委外劳务、承包等合同纠纷；（6）与铁路及其附属设施的建设施工有关的合同纠纷；（7）铁路设备、设施的采购、安装、加工承揽、维护、服务等合同纠纷；（8）铁路行车事故及其他铁路运营事故造成的人身、财产损害赔偿纠纷；（9）违反铁路安全保护法律、法规，造成铁路线路、机车车辆、安全保障设施及其他财产损害的侵权纠纷；（10）因铁路建设及铁路运输引起的环境污染侵权纠纷；（11）对铁路运输企业财产权属发生争议的纠纷。

知识产权法院主要审理知识产权民事和行政案件。知识产权法院的第一审判决、裁定的上诉案件，由知识产权法院所在地的高级人民法院审理。知识产权法院审判工作受最高人民法院和所在地的高级人民法院监督。目前，仅北京、上海、广州设有知识产权法院。根据《最高人民法院关于北京、上海、广州知识产权法院案件管辖的规定》，知识产权法院管辖所在市辖区内的下列第一审案件：（1）专利、植物新品种、集成电路布图设计、技术秘密、计算机软件民事和行政案件；（2）对国务院部门或者县级以上地方人民政府所作的涉及著作权、商标、不正当竞争等行政行为提起诉讼的行政案件；（3）涉及驰名商标认定的民事案件。广州知识产权法院对广东省内上述规定第1项和第2项规定的案件实行跨区域管辖。北京市、上海市各中级人民法院和广州市中级人民法院不再受理知识产权民事和行政案件。广东省其他中级人民法院不再受理上述规定第①项和第③项规定的案件。北京市、上海市、广东省各基层人民法院不再受理上述规定第1项和第3项规定的案件。

金融法院主要审理涉金融民事、行政案件。2018年4月27日，全国人民代表大会常务委员会发布《全国人民代表大会常务委员会关于设立上海金融法院的决定》，决定设立上海金融法院，亦即中国境内第一家金融法院。根据《最高人民法院关于上海金融法院案件管辖的规定》，上海金融法院管辖上海市辖区内应由中级人民法院受理的下列第一审金融民商事案件：（1）证券、期货交易、信托、保险、票据、信用证、金融借款合同、银行卡、融资租赁合同、委托理财合同、典当等纠纷；（2）独立保函、保理、私募基金、非银行支付机构网络支付、网络借贷、互联网股权众筹等新型金融民商事纠纷；（3）以金融机构为债务人的破产纠纷；（4）金融民商事纠纷的仲裁司法审查案件；（5）申请承认和执行外国法院金融民商事纠纷的判决、裁定案件。

此外，上海市辖区内应由中级人民法院受理的以金融监管机构为被告的第一审涉金融行政案件，以住所地在上海市的金融市场基础设施为被告或者第三人与其履行职责相关的第一审金融民商事案件，所涉金融行政案件以及当事人对上海市基层人民法院作出的第一审金融民商事案件和涉金融行政案件判决、裁定提起的上诉案件，由上海金融法院审理。

二、主管

民事诉讼中的主管，是指人民法院依照法律、法规规定受理一定范围内民商事纠纷的权限，亦即确定人民法院和其他国家机关、社会团体之间解决民商事纠纷的分工。

（一）主管的范围

依据民事诉讼法的规定，人民法院受理公民之间、法人之间、其他组织之间以及他们相互之间因财产关系和人身关系提起的民事诉讼。据此，人民法院主管范围内的民商事纠纷，应当具备以下条件：

一是主体条件，即人民法院受理的是公民之间、法人之间、其他组织之间以及他们相互之间因财产关系和人身关系产生的民商事纠纷。诉讼主体不限于中国公民、法人和其他组织，还包括外国人、无国籍人、外国企业或者组织。

二是内容条件，即人民法院受理的是平等主体之间因财产关系和人身关系引起的民商事纠纷，是由民法、婚姻家庭法、商法、劳动法等调整的因财产关系和人身关系所发生的，依照法律规定由人民法院按照民事诉讼程序审理的案件。

三是程序条件，即只有人民法院审理的民事案件，方得适用民事诉讼法的程序规定，由其他国家机关或社会团体处理的民商事纠纷，则不适用民事诉讼法的程序规定。

此外，民事诉讼法中规定的选民资格案件和非讼案件也属于民事诉讼的主管范围。

（二）法院主管和其他组织主管民事纠纷的关系

1. 法院主管与人民调解委员会、社会团体、企事业单位、行政机关调解

人民调解委员会、社会团体、企事业单位、行政机关调解民事纠纷不是提起民事诉讼的必经程序，属于人民法院主管的民事纠纷，在当事人提起民事诉讼前，根据当事人自愿，人民调解委员会、有关社会团体、企事业单位、行政机关都可以运用调解的方式加以解决；调解不成或者达成调解协议后当事人又反悔的，当事人仍可以向人民法院起诉。当事人也可以直接就该民事纠纷向人民法院起诉。

2. 法院主管与仲裁机构仲裁

（1）民商事争议仲裁

民商事仲裁和民事诉讼相互排斥。根据《中华人民共和国仲裁法》和民事诉讼法的规定，对于属于民商事仲裁范围的合同纠纷和其他财产权益纠纷，当事人合意选择了仲裁机构仲裁的方式解决纠纷的，不得向人民法院提起诉讼；当事人选择了民事诉讼方式解决纠纷的，不得再合意申请仲裁。仲裁裁决作出后，当事人就同一纠纷再申请仲裁或者向人

民法院起诉的，仲裁委员会或者人民法院不予受理。但当事人在仲裁裁决被人民法院依法撤销或者裁定不予执行，在未重新达成仲裁协议的情况下向人民法院提起民事诉讼的，人民法院应当受理。

（2）劳动争议仲裁

劳动争议仲裁是民事诉讼的前置程序。根据《中华人民共和国劳动争议调解仲裁法》的规定，中华人民共和国境内的用人单位与劳动者发生的下列劳动争议适用劳动争议调解仲裁制度：其一，因确认劳动关系发生的争议；其二，因订立、履行、变更、解除和终止劳动合同发生的争议；其三，因除名、辞退和辞职、离职发生的争议；其四，因工作时间、休息休假、社会保险、福利、培训以及劳动保护发生的争议；其五，因劳动报酬、工伤医疗费、经济补偿或者赔偿金等发生的争议；其六，法律、法规规定的其他劳动争议。发生劳动争议，当事人不愿协商、协商不成或者达成和解协议后不履行的，可以向调解组织申请调解；不愿调解、调解不成或者达成调解协议后不履行的，可以向劳动争议仲裁委员会申请仲裁，对于仲裁申请不予受理或者逾期未作出决定的，可以向人民法院提起诉讼；对仲裁裁决不服的，除另有规定的外，可以向自收到仲裁裁决书之日起 15 日内向人民法院提起诉讼。

上述的另有规定具体指下列两种情形：一是追索劳动报酬、工伤医疗费、经济补偿或者赔偿金，不超过当地月最低工资标准 12 个月金额的争议；二是因执行国家的劳动标准在工作时间、休息休假、社会保险等方面发生的争议。上述两项仲裁裁决为终局裁决，裁决书自作出之日起发生法律效力，但劳动者不服该仲裁裁决的可以自收到裁决书之日起 15 日内向人民法院提起诉讼。用人单位有证据证明上述仲裁裁决有下列情形之一，可以自收到仲裁裁决书之日起 30 日内向劳动争议仲裁委员会所在地的中级人民法院申请撤销裁决：一是适用法律、法规确有错误的；二是劳动争议仲裁委员会无管辖权的；三是违反法定程序的；四是裁决所根据的证据是伪造的；五是对方当事人隐瞒了足以影响公正裁决的证据的；六是仲裁员在仲裁该案时有索贿受贿、徇私舞弊、枉法裁决行为的。人民法院经组成合议庭审查核实裁决有上述规定情形之一的，应当裁定撤销。仲裁裁决被人民法院裁定撤销的，当事人可以自收到裁定书之日起 15 日内就该劳动争议事项向人民法院提起诉讼。

（3）农村土地承包经营纠纷仲裁

农村土地承包经营纠纷仲裁与民事诉讼由当事人自由选择，不服仲裁裁决的，可以在法定期限内向人民法院提起诉讼。根据农村土地承包经营纠纷调解仲裁法的规定，农村土地承包经营过程中产生的下列纠纷可以适用农村土地承包经营纠纷仲裁制度：其一，因订立、履行、变更、解除和终止农村土地承包合同发生的纠纷；其二，因农村土地承包经营权转包、出租、互换、转让、入股等流转发生的纠纷；其三，因收回、调整承包地发生的纠纷；其四，因确认农村土地承包经营权发生的纠纷；其五，因侵害农村土地承包经营权发生的纠纷；其六，法律、法规规定的其他农村土地承包经营纠纷。因征收集体所有的土地及其补偿发生的纠纷，不属于农村土地承包仲裁委员会的受理范围，可以通过行政复议或者诉讼等方式解决。当事人和解、调解不成或者不愿和解、调解的，可以向农村土地承包仲裁委员会申请仲裁，也可以直接向人民法院起诉。当事人不服仲裁裁决的，可以自收到裁决书之日起30日内向人民法院起诉。逾期不起诉的，裁决书即发生法律效力。

三、管辖

（一）管辖概述

民事案件的管辖，是指确定上下级法院之间以及同级法院之间受理第一审民事案件的分工与权限，它是在法院内部具体落实民事审判权的一项制度。中国民事审判实行两审终审制，确定民事案件管辖法院的关键在于确定案件的第一审法院，当第一审法院明确后，该案的第二审法院即为第一审法院的上一级法院；当事人对法院作出的生效民事裁判、调解书不服，申请再审，其管辖法院为审理该案的原审法院或者上一级法院。

民事案件的管辖适用管辖权恒定原则，确定案件管辖权，以起诉时为标准，起诉时对案件享有管辖权的法院，不因确定管辖的事实在诉讼中发生变化而影响其管辖权。根据《民诉解释》的规定，管辖权恒定原则具体包括以下内容：

其一，案件受理后，受诉人民法院的管辖权不受当事人住所地、经常居住地变更的影响。

其二，有管辖权的法院受理案件后，不得以行政区域变更为由将案件移送给变更后有管辖权的法院。判决后的上诉案件和依审判监督程序提审的案件，由原审人民法院的上级人民法院进行审判；上级人民法院指令再审、发回重审的案件，由原审人民法院再审或者重审。

其三，人民法院对管辖权异议审查后确定有管辖权的，不因当事人提起反诉、增加或者变更诉讼请求而改变管辖，但违反级别管辖、专属管辖规定的除外。人民法院发回重审或者按照一审程序再审的案件，当事人提出管辖权异议，法院不予审查。

管辖恒定的效力及于案件诉讼的全过程。但是，原告在法院依法受理案件后撤回起诉又起诉的，因撤诉使起诉的效力归于消灭，所以原告可以选择新的诉讼标的所确定管辖权的联结点所在地，或在诉讼标的不变的情况下选择新的确定管辖权的联结点所在地法院起诉，而不受前次起诉受诉法院管辖权恒定的限制。

（二）级别管辖

1. 基层人民法院管辖的第一审民事案件

绝大多数第一审民事案件由基层人民法院管辖，但立法明确规定由中级人民法院、高级人民法院和最高人民法院管辖的第一审民事案件除外。

2. 中级人民法院管辖的第一审民事案件

依据民事诉讼法的规定，中级人民法院管辖下列第一审民事案件：

（1）重大涉外案件

重大涉外案件，即同时具有“重大”和“涉外”两个要素的民事案件。涉外案件，是指诉讼当事人一方或双方是外国人、无国籍人、外国企业或组织，或者当事人之间设立、变更、消灭民事关系的法律事实发生在外国，或者诉讼标的物在外国的民事案件。重大案件，包括争议标的额大、案情复杂或者一方当事人人数众多等具有重大影响的民事案件。上述两个要素在认定重大涉外案件时缺一不可。

为正确审理涉外民商事案件，依法保护中外当事人的合法权益，《最高人民法院关于涉外民商事案件诉讼管辖若干问题的规定》对下列5类涉外案件实行集中管辖制度：A. 涉外合同和侵权纠纷案件；B. 信用证纠纷案件；C. 申请撤销、承认与强制执行国际仲裁裁决的案件；D. 审查有关涉外民商事仲裁条款效力的案件；E. 申请承认和强制执行外国法院民商事判决、裁定的案件。对该5类涉外案件有管辖权的人民法院为：A. 国务院批准设立的经济技术开发区人民法院；B. 省会、自治区首府、直辖市所在地的中级人民法院；C. 经济特区、计划单列市中级人民法院；D. 最高人民法院指定的其他中级人民法院；E. 高级人民法院。上述中级人民法院的区域管辖范围由所在地的高级人民法院确定。

（2）在本辖区内有重大影响的案件

（3）最高人民法院确定由中级人民法院管辖的案件

根据审判工作的需要，最高人民法院将下列案件确定由中级人民法院管辖：

A. 知识产权民事案件。除北京、上海、广州知识产权法院管辖知识产权案件外，根据《最高人民法院关于调整地方各级人民法院管辖第一审知识产权民事案件标准的通知》的规定，除应当由经最高人民法院指定具有一般知识产权民事案件管辖权的基层人民法院管辖的以外，诉讼标的额在2亿元以下的第一审知识产权民事案件，以及诉讼标的额在1亿元以下且当事人住所地不在其辖区或者涉外、涉港澳台的第一审知识产权民事案件，均由中级人民法院管辖。此外，还有一些特殊类型的第一审知识产权民事案件，最高人民法院规定也由中级人民法院管辖：

a. 民事专利纠纷案件。根据《最高人民法院关于审理专利纠纷案件适用法律问题的若干规定》的规定，民事专利纠纷第一审案件，由各省、自治区、直辖市人民政府所在地的中级人民法院和最高人民法院指定的中级人民法院管辖。最高人民法院根据实际情况，可以指定基层人民法院管辖第一审专利纠纷案件。目前，最高人民法院指定的中级人民法院作为第一审管辖专利纠纷案件的城市有：深圳、珠海、汕头、佛山、东莞、江门、中山、厦门、泉州、温州、金华、宁波、台州、苏州、南通、镇江、盐城、无锡、常州、青岛、烟台、潍坊、淄博、东营、株洲、绵阳、景德镇、宜春、大连、葫芦岛、包头等。

b. 涉及商标保护的纠纷案件。包括两种案件：第一，驰名商标保护民事案件。根据《最高人民法院关于涉及驰名商标认定的民事纠纷案件管辖问题的通知》的规定，涉及驰名商标认定的民事纠纷案件，由省、自治区人民政府所在地的市、计划单列市中级人民法院，以及直辖市辖区内的中级人民法院管辖。其他中级人民法院管辖此类民事纠纷案件，须报经最高人民法院批准；未经批准的中级人民法院不再受理此类案件。第二，普通商标民事纠纷案件。根据《最高人民法院关于审理商标案件有关管辖和法律适用范围问题的解释》的规定，商标民事纠纷的第一审案件，如商标专用权权属纠纷案件、侵犯商标专用权纠纷案件、商标专用权转让合同纠纷案件、商标许可使用合同纠纷案件、申请诉前停止侵犯商标专用权案件及其他商标案件，由中级以上人民法院管辖。各高级人民法院根据本辖区的实际情况，经最高人民法院批准，可以在较大城市确定1到2个基层人民法院受理第一审商标民事纠纷案件。

c. 著作权民事纠纷案件。著作权民事纠纷案件，由中级以上人民法院管辖。但各高级人民法院根据本辖区内的实际情况，可以确定若干基层人民法院管辖第一审著作权民事纠纷案件。

d. 涉及域名的侵权纠纷案件。根据《最高人民法院关于审理涉及计算机网络域名民事纠纷案件适用法律若干问题的解释》的规定，涉及域名的侵权纠纷案件，由侵权行为地或者被告住所地的中级人民法院管辖。

e. 植物新品种民事纠纷案件。根据《最高人民法院关于审理植物新品种纠纷案件若干问题的解释》的规定，实施强制许可使用费的植物新品种民事纠纷案件由北京市第二中级人民法院作为第一审人民法院受理；植物新品种申请纠纷案件、植物新品种权权利归属纠纷案件、转让植物新品种申请权和转让植物新品种权的纠纷案件、侵犯植物新品种权的纠纷案件由各省、自治区、直辖市人民政府所在地和最高人民法院指定的中级人民法院作为第一审人民法院受理。

f. 集成电路布图设计纠纷案件。根据《最高人民法院关于开展涉及集成电路布图设计案件审判工作的通知》的规定，下列集成电路布图涉及的民事案件由各省、自治区、直辖市人民政府所在地，经济特区所在地和大连、青岛、温州、佛山、烟台市的中级人民法院作为第一审人民法院审理：集成电路布图设计专有权权属纠纷案件、集成电路布图设计专有权转让合同纠纷案件、侵犯集成电路布图设计专有权纠纷案件、诉前申请通知侵犯、财产保全案件以及其他涉及集成电路布图设计的案件。

B. 海事海商案件。海事海商案件由海事法院管辖，海事法院的级别与中级人民法院相当，包括海事侵权纠纷案件、海商合同纠纷案件、其他海事海商纠纷案件以及海事执行案件。

C. 垄断民事纠纷案件。根据《最高人民法院关于审理因垄断行为引发的民事纠纷案件应用法律若干问题的规定》的规定，第一审垄断民事纠纷案件，由省、自治区、直辖市人民政府所在地的市、计划单列市中级人民法院以及最高人民法院指定的中级人民法院管辖。经最高人民法院批准，基层人民法院也可以管辖第一审垄断民事纠纷案件。

D. 期货纠纷案件。期货纠纷案件由中级人民法院管辖。但最高人民法院根据需要可以确定部分基层人民法院受理期货纠纷案件。

E. 有关证券纠纷案件。根据《最高人民法院关于审理证券市场因虚假陈述引发的民事赔偿案件的若干规定》的规定，虚假陈述证券民事赔偿案件由省、自治区、直辖市人民政府所在的市、计划单列市和经济特区中级人民法院管辖；根据《最高人民法院关于对与证券交易所监管职能相关的诉讼案件管辖与受理问题的规定》的规定，为受理与证券交易所监管职能相关的诉讼案件，指定上海证券交易所和深圳证券交易所所在地的中级人民法院分别管辖以上海证券交易所和深圳证券交易所为被告或者第三人的与证券交易所监管职能相关的第一审民事和行政案件。

F. 不正当竞争民事案件。根据《最高人民法院关于审理不正当竞争民事案件应用法律若干问题的解释》的规定，反不正当竞争法规定的仿冒、虚假广告、侵犯商业秘密、损害商誉等不正当竞争民事第一审案件，一般由中级人民法院管辖。各高级人民法院根据本辖区的实际情况，经最高人民法院批准，可以确定若干基层人民法院受理不正当竞争的第一审民事案件，已经批准可以审理知识产权民事案件的基层人民法院可以继续受理。

G. 与仲裁相关的案件。与仲裁相关的案件，除国内仲裁的证据、财产保全由基层人民法院管辖外，其他均由中级人民法院管辖，包括确认仲裁协议效力，涉外仲裁的证据、财产保全，仲裁裁决的执行，撤销、不予执行仲裁裁决等案件。

3. 高级人民法院管辖的第一审民事案件

高级人民法院管辖在本辖区内有重大影响的第一审民事案件。

4. 最高人民法院管辖的第一审民事案件

依据民事诉讼法的规定，最高人民法院管辖下列第一审民事案件：(1) 在全国范围有重大影响的民事案件；(2) 最高人民法院认为应当由自己审判的案件。

(三) 地域管辖

民事诉讼中的地域管辖，是指以人民法院的辖区和隶属关系确定的诉讼管辖，根据民事诉讼法的规定可以分为一般地域管辖、特殊地域管辖以及专属管辖三种。

1. 一般地域管辖

一般地域管辖，即根据法院辖区与当事人所在地之间的隶属关系确定的管辖，包括原则性的原告就被告，也包括特殊情况下的被告就原告。

依据民事诉讼法及相关司法解释的规定，以下情形适用一般地域管辖中原则性的原告就被告规定：

（1）对公民提起的诉讼，由被告住所地人民法院管辖；被告住所地与经常居住地不一致的，由经常居住地人民法院管辖。公民的住所地是该公民户籍登记或其他有效身份登记记载的居所；公民的经常居住地是指公民离开住所至起诉时已经连续居住1年以上的地方，但公民住院就医的地方除外。公民在其户籍迁出后至迁入另一地之前，无经常居住地的，仍以其原户籍所在地为其住所地。

《民诉解释》对被告住所地法院管辖作了以下补充规定：

A. 双方当事人都被监禁或者被采取强制性教育措施的，由被告原住所地人民法院管辖。被告被监禁或者被采取强制性教育措施1年以上的，由被告被监禁地或者被采取强制性教育措施地人民法院管辖。

B. 原、被告均被注销户籍的，由被告居住地人民法院管辖。

C. 夫妻双方离开住所地超过1年，一方起诉离婚的案件，由被告经常居住地人民法院管辖；没有经常居住地的，由原告起诉时被告居住地人民法院管辖。

D. 不服指定监护或者变更监护关系的案件，可以由被监护人住所地人民法院管辖。

E. 在国内结婚并定居国外的华侨，如定居国法院以离婚诉讼须由婚姻缔结地法院管辖为由不予受理，当事人向人民法院提出离婚诉讼的，由婚姻缔结地或者一方在国内的最后居住地人民法院管辖。

F. 在国外结婚并定居国外的华侨，如定居国法院以离婚诉讼须由国籍所属国法院管辖为由不予受理，当事人向人民法院提出离婚诉讼的，由一方原住所地或者在国内的最后居住地人民法院管辖。

G. 中国公民双方在国外但未定居，一方向人民法院起诉离婚的，应由原告或者被告原住所地人民法院管辖。

（2）对法人或者其他组织提起的民事诉讼，由被告住所地人民法院管辖。法人或者其他组织的住所地，是指法人或其他组织的主要办事机构所在地。法人或者其他组织的主要办事机构所在地不能确定的，法人或者其他组织的注册地或者登记地为其住所地。

（3）同一诉讼中有两个或两个以上被告的，各个被告住所地、经常居住地的人民法院对该项诉讼都有管辖权。

依据民事诉讼法及相关司法解释的规定，以下情形适用一般地域管辖中例外的被告就原告规定：

（1）对不在中华人民共和国领域内居住的人提起的有关身份关系的诉讼。

（2）对下落不明或者宣告失踪的人提起的有关身份关系的诉讼。

（3）对正在被采取强制性教育措施的人提起的诉讼。强制性教育措施是指依照相关法律规定，对违反行政法规尚未构成犯罪的行为人，所采取的限制其一定人身自由的措施。

（4）对正在被监禁的人提起的诉讼。

（5）追索赡养费、抚育费、扶养费案件的几个被告住所地不在同一辖区的，可以由原告住所地人民法院管辖。

（6）夫妻一方离开住所地超过1年，另一方起诉离婚的案件，可以由原告住所地人民法院管辖。

（7）被告被注销户籍的，由原告住所地人民法院管辖。

（8）中国公民一方居住在国外，一方居住在国内，不论哪一方向人民法院提起离婚诉讼，国内一方住所地人民法院都有权管辖。国外一方在居住国法院起诉，国内一方向人民法院起诉的，受诉人民法院有权管辖。

2. 特殊地域管辖

特殊地域管辖，是指以引起民事法律关系发生、变更、消灭的法律事实所在地与法院辖区之间的关系为标准确定的管辖。依据民事诉讼法及相关司法解释的规定，特殊地域管辖包括以下内容：

（1）因合同纠纷提起的诉讼，由被告住所地或者合同履行地人民法院管辖。合同履行地，是指合同规定履行义务和接受义务的地点，由当事人自行约定。合同没有约定或者约定不明确的，按照以下规则确定合同履行地：A. 给付货币的，接收货币一方所在地为合同履行地；B. 交付不动产的，不动产所在地为合同履行地；C. 交付其他标的，履行义务一方所在地为合同履行地；D. 即时结清的，交易行为地为合同履行地；E. 财产租赁合同、融资租赁合同以租赁物使用地为合同履行地；F. 以信息网络方式订立的买卖合同，通过信息网络交付标的的，以买受人住所地为合同履行地；G. 通过其他方式交付标的的，收货地为合同履行地。

如果合同没有实际履行，且当事人双方住所地都不在合同约定的履行地的，不依合同履行地确定管辖，而由被告住所地人民法院管辖。

（2）因保险合同纠纷提起的诉讼，由被告住所地或者保险标的物所在地人民法院管辖。其中，因财产保险合同纠纷提起的诉讼，如果保险标的物是运输工具或者运输中的货物，可以由运输工具登记注册地、运输目的地、保险事故发生地人民法院管辖；因人身保险合同纠纷提起的诉讼，可以由被保险人住所地人民法院管辖。

（3）因票据纠纷提起的诉讼，由票据支付地或者被告住所地人民法院管辖。

（4）因公司设立、确认股东资格、分配利润、解散等纠纷提起的诉讼，由公司住所地人民法院管辖，包括因股东名册记载、请求变更公司登记、股东知情权、公司决议、公司合并、公司分立、公司减资、公司增资等纠纷提起的诉讼。

（5）因铁路、公路、水上、航空运输和联合运输合同纠纷提起的诉讼，由运输始发地、目的地或者被告住所地人民法院管辖。

（6）因侵权行为提起的诉讼，由侵权行为地或者被告住所地人民法院管辖，侵权行为地包括侵权行为实施地与侵权结果发生地。

信息网络侵权行为实施地包括实施被诉侵权行为的计算机等信息设备所在地，侵权结果发生地包括被侵权人住所地。

因产品、服务质量不合格造成他人财产、人身损害提起的诉讼，产品制造地、产品销售地、服务提供地、侵权行为地和被告住所地人民法院都有管辖权。

此外，依据《最高人民法院关于审理专利纠纷案件适用法律问题的若干规定》的规定，因侵犯专利权行为提起的诉讼，由侵权行为地或者被告住所地人民法院管辖。侵权行为地包括：被诉侵犯发明、实用新型专利权的产品的制造、使用、许诺销售、销售、进口等行为的实施地；专利方法使用行为的实施地，依照该专利方法直接获得的产品的使用、许诺销售、销售、进口等行为的实施地；外观设计专利产品的制造、许诺销售、销售、进口等行为的实施地；假冒他人专利的行为实施地。上述侵权行为的侵权结果发生地。原告仅对侵权产品制造者提起诉讼，未起诉销售者，侵权产品制造地与销售地不一致的，制造地人民法院有管辖权；以制造者与销售者为共同被告起诉的，销售地人民法院有管辖权。销售者是制造者分支机构，原告在销售地起诉侵权产品制造者制造、销售行为的，销售地人民法院有管辖权。

（7）因铁路、公路、水上和航空事故请求损害赔偿提起的诉讼，由事故发生地或者车辆、船舶最先到达地、航空器最先降落地或者被告住所地人民法院管辖。

（8）因船舶碰撞或者其他海事损害事故请求损害赔偿提起的诉讼，由碰撞发生地、碰撞船舶最先到达地、加害船舶被扣留地或者被告住所地人民法院管辖。

（9）因海难救助费用提起的诉讼，由救助地或者被救助船舶最先到达地人民法院管辖。

（10）因共同海损提起的诉讼，由船舶最先到达地、共同海损理算地或者航程终止地的人民法院管辖。

（11）已经离婚的中国公民，双方均定居国外，仅就国内财产分割提起诉讼的，由主要财产所在地人民法院管辖。

3. 专属管辖

专属管辖，是指对于某些类型的民事案件，法律强制规定必须由一定地区的特定法院管辖，其他法院无权管辖，也不允许当事人协议变更管辖。依据民事诉讼法及相关司法解释的规定，专属管辖包括以下三种：

（1）因不动产纠纷提起的诉讼，由不动产所在地人民法院管辖，包括因不动产的权利确认、分割、相邻关系等引起的物权纠纷。

农村土地承包经营合同纠纷、房屋租赁合同纠纷、建设工程施工合同纠纷、政策性房屋买卖合同纠纷，按照不动产纠纷确定管辖。

不动产已登记的，以不动产登记簿记载的所在地为不动产所在地；不动产未登记的，以不动产实际所在地为不动产所在地。

（2）因港口作业中发生纠纷提起诉讼，由港口所在地人民法院管辖，包括因港口装卸、搬运、理货发生的纠纷以及因船舶在港口作业中违章操作损坏港口设施发生的纠纷。

（3）因继承遗产纠纷提起的诉讼，由被继承人死亡时住所地或者主要遗产所在地人民法院管辖。

4. 协议管辖

合同或者其他财产权益纠纷的当事人可以书面协议选择被告住所地、合同履行地、合同签订地、原告住所地、标的物所在地等与争议有实际联系的地点的人民法院管辖，但不得违反前述对级别管辖和专属管辖的规定。具体来看，协议管辖须具备以下条件：

（1）在选择案件的类型上，只适用于合同纠纷及其他财产权益纠纷，包括当事人因同居或者在解除婚姻、收养关系后发生的财产纠纷，而不适用于涉及身份关系的纠纷。

（2）在表现形式上，协议管辖必须以书面协议的形式选择管辖，用口头形式约定管辖的，其约定无效。书面协议包括书面合同中的协议管辖条款或者诉讼前以书面形式达成的选择管辖的协议。经营者使用格式条款与消费者订立管辖协议，未采取合理方式提请消费者注意，消费者主张管辖协议无效的，人民法院应予支持。合同转让的，合同的管辖协议对合同受让人有效，但转让时受让人不知道有管辖协议，或者转让协议另有约定且原合同相对人同意的除外。

（3）在约定管辖的时间上，协议管辖的时间可以在纠纷发生之前，也可以在纠纷发生之后，但应当在因纠纷提起的诉讼之前。

（4）在选择管辖法院的范围上，协议选择的法院必须是与争议有实际联系的地点的法院，主要包括被告住所地、合同履行地、合同签订地、原告住所地、标的物所在地等。管辖协议约定两个或两个以上与争议有实际联系的地点的人民法院管辖，原告可以向其中一个人民法院起诉，该法院具有管辖权。

（5）在管辖类型上，当事人只能协议变更第一审的地域管辖，而不能协议变更级别管辖和专属管辖。

根据管辖协议，起诉时能够确定管辖法院的，从其约定；不能确定的，依照民事诉讼法的相关规定确定管辖。管辖协议约定由一方当事人住所地人民法院管辖，协议签订后当事人住所地变更的，由签订管辖协议时的住所地人民法院管辖，但当事人另有约定的除外。

5. 共同管辖与选择管辖

两个以上人民法院都有管辖权的诉讼，原告可以向其中一个人民法院起诉；原告向两个以上有管辖权的人民法院起诉的，由最先立案的人民法院管辖。

两个以上人民法院都有管辖权的诉讼，先立案的人民法院不得将案件移送给另一个有管辖权的人民法院。人民法院在立案前发现其他有管辖权的人民法院已先立案的，不得重复立案；立案后发现其他有管辖权的人民法院已先立案的，裁定将案件移送给先立案的人民法院。

（四）裁定管辖

裁定管辖，是指法院通过裁定的方式确定案件的管辖权，包括移送管辖、指定管辖与管辖权转移。

1. 移送管辖

人民法院受理案件后，发现自己对该案没有管辖权的，应当将案件移送有管辖权的人民法院审理。移送管辖实质是错误立案的纠错程序，可以发生在同级法院之间，也可以发生在上下级法院之间。依据民事诉讼法及相关司法解释的规定，移送管辖应当符合以下条件：(1) 移送的案件必须是已经受理且在一审开庭前的案件；(2) 移送的人民法院对案件没有管辖权。这里包括因当事人在答辩期间届满前应诉答辩而取得的管辖权，即应诉管辖；(3) 受移送的人民法院对该案有管辖权。

需要注意的是，移送管辖只能移送一次，即使受移送法院认为自己对该案件也没有管辖权，也不得将案件再次移送或退回移送法院，只能报请上级人民法院指定管辖。

两个以上法院均有管辖权的案件，先立案的法院不得将案件移送其他有管辖权的法院。

2. 指定管辖

指定管辖，是指上级人民法院用裁定的方式，将某一案件交由某一个下级人民法院管辖。依据民事诉讼法及相关司法解释规定，下列两种情况需要由上级人民法院指定管辖：

(1) 有管辖权的人民法院由于特殊原因，不能行使管辖权。特殊原因既包括法律上的原因，如有管辖权的人民法院的全体审判人员与本案有利害关系，被当事人申请回避或自行回避因而不能执行职务；也包括事实原因，如因自然灾害而使有管辖权的人民法院无法正常运作、行使审判权。

（2）人民法院之间就案件管辖权发生争议，且不能通过协商解决的。此情况下，应当报请它们的共同上级人民法院指定管辖，双方为同属一个地、市辖区的基层人民法院的，由该地、市的中级人民法院及时指定管辖；同属一个省、自治区、直辖市的两个人民法院的，由该省、自治区、直辖市的高级人民法院及时指定管辖；双方为跨省、自治区、直辖市的人民法院，高级人民法院协商不成的，由最高人民法院及时指定管辖。依照前述规定报请上级人民法院指定管辖时，应当逐级进行。

对报请上级人民法院指定管辖的案件，下级人民法院应当中止审理。指定管辖裁定作出前，下级人民法院对案件作出判决、裁定的，上级人民法院应当在裁定指定管辖的同时，一并撤销下级人民法院的判决、裁定。

3. 管辖权转移

管辖权转移，是指根据上级法院的决定或统一，将案件管辖权在上下级法院之间进行转移，其实质是对级别管辖的一种变通和个别调整。依据民事诉讼法的规定，管辖权转移包括以下两种情况：

（1）上级法院有权审理下级法院管辖的案件，具体指：

A. 上级法院有权审理下级法院管辖的第一审民事案件；

B. 下级法院对它所管辖的第一审民事案件，认为需要上级法院审理的，可以报请上级法院审理。

（2）上级法院认为确有必要将自己管辖的案件交给下级法院审理的，应当在开庭前报请自己的上级法院批准后，下达裁定，将案件转移给下级法院审理。依据《民诉解释》的规定，下列第一审民事案件，人民法院可以依照上述规定在开庭前交下级人民法院审理：A. 破产程序中有关债务人的诉讼案件；B. 当事人人数众多且不方便诉讼的案件；C. 最高人民法院确定的其他类型案件。

对于应由上级人民法院管辖的第一审民事案件，下级人民法院不得报请上级人民法院交其审理。

（五）管辖权异议

管辖权异议，是指人民法院受理案件后，当事人认为受诉法院对该案没有管辖权，而向受诉法院提出的不服该法院管辖的意见或主张。依据民事诉讼法及相关司法解释的规定，人民法院受理案件后，当事人对管辖权有异议的，应当在提交答辩状期间提出。人民法院对当事人提出的异议，应当审查。异议成立的，裁定将案件移送有管辖权的人民法院；异议不成立的，裁定驳回。具体而言，涉及以下几个方面内容：

1. 管辖权异议的主体

提出管辖权异议的主体必须是本案的当事人，并且是本案的被告，不包括本案原告和第三人。

2. 管辖权异议的时间

当事人应当在提交答辩状期间提出管辖权异议，即被告收到起诉状副本之日起 15 日内。逾期提出的，人民法院不予审议。

3. 管辖权异议的对象

管辖权异议的对象是第一审民事案件的管辖权，包括级别管辖和地域管辖，而不包括裁定管辖。

4. 应诉管辖

当事人在提交答辩状期间没有提出管辖权异议，并且应诉答辩，包括就案件实体内容进行答辩、陈述或者反诉的，视为受诉人民法院有管辖权，但违背级别管辖和专属管辖的除外。

当事人在提交答辩状期间提出管辖异议，又针对起诉状的内容进行答辩的，不属于应诉管辖，人民法院应当按照法律规定对管辖权异议进行审查。

5. 管辖权异议的处理

对于被告在提交答辩状期间提出的管辖权异议，符合上述条件的，受诉法院应当进行审查，并在受理异议之日起 15 日内作出裁定。对当事人的异议未经审查或者审查后尚未作出决定前，不得进行对该案的实体审理。在管辖权异议裁定作出前，原告申请撤回起诉，受诉法院作出准予撤回起诉裁定的，对管辖权异议不再审查，并在裁定书中一并写明。提交答辩状期间届满后，原告增加诉讼请求金额致使案件标的额超过受诉法院级别管辖标准，被告提出管辖权异议请求上级人民法院管辖的，人民法院应当按照有关规定进行审查并作出裁定。被告以受诉法院同时违背级别管辖和地域管辖规定为由提出管辖权异议的，受诉法院应当一并作出裁定。

经过审查，当事人对管辖权的异议成立的，受诉法院应当作出裁定，将案件移送有管辖权的人民法院。异议不成立的，裁定予以驳回。裁定应送达双方当事人。当事人对受诉法院的裁定不服的，有权在10日内向上一级人民法院提起上诉，第二审人民法院应当依法审理并作出裁定。当事人在二审法院确定该案的管辖权后，即应按人民法院的通知参加诉讼。

【风险提示】

1. 民事纠纷的当事人在将具体案件送交人民法院审理之前，应当首先确定该案件是否属于人民法院的主管范围，其后，再根据法律规定的规则确定具体受理该案件的法院。

2. 在进行有关民事活动前，建议当事人提前考虑产生民事纠纷时的解决办法，包括是否仲裁、是否协议选择管辖法院等。良好、妥善的民事纠纷解决办法的事先选择不仅将大幅度减少后续解决民事纠纷中产生的成本，亦有可能影响有关诉求是否能够得到裁判机关的支持，直接影响当事人的利益。

【相关案例】

佛山市南海力丰精密机械有限公司诉山西鑫铭格消防科技有限公司等买卖合同纠纷案

上诉人佛山市南海力丰精密机械有限公司因买卖合同纠纷一案，不服山西省晋中市榆次区人民法院民事裁定，向山西省晋中市中级人民法院提起上诉。

法院经审理认为，上诉人与被上诉人山西鑫铭格消防科技有限公司2016年11月29日签订的购销合同载明，双方发生争议协商不成时，提交需方所在地人民法院诉讼解决。根据民事诉讼法第34条的规定，合同或者其他财产权益纠纷的当事人可以书面协议选择被告住所地、合同履行地、合同签订地、原告住所地、标的物所在地等与争议有实际联系的地点的人民法院管辖，故山西省晋中市榆次区人民法院作为需方所在地的人民法院，对本案有管辖权。上诉人认为本案应当由被告住所地人民法院管辖依据不足，其提出的管辖权异议不能成立，法院依法不予支持。原审驳回上诉人提出的管辖权异议正确，应予维持。据此，依法裁定驳回上诉，维持原裁定。

【法条指引】

中华人民共和国民事诉讼法（节录）

第十七条 基层人民法院管辖第一审民事案件，但本法另有规定的除外。

第十八条 中级人民法院管辖下列第一审民事案件：

（一）重大涉外案件；

（二）在本辖区有重大影响的案件；

（三）最高人民法院确定由中级人民法院管辖的案件。

第十九条 高级人民法院管辖在本辖区有重大影响的第一审民事案件。

第二十条 最高人民法院管辖下列第一审民事案件：

（一）在全国有重大影响的案件；

（二）认为应当由本院审理的案件。

第二十一条 对公民提起的民事诉讼，由被告住所地人民法院管辖；被告住所地与经常居住地不一致的，由经常居住地人民法院管辖。

对法人或者其他组织提起的民事诉讼，由被告住所地人民法院管辖。

同一诉讼的几个被告住所地、经常居住地在两个以上人民法院辖区的，各该人民法院都有管辖权。

第二十二条 下列民事诉讼，由原告住所地人民法院管辖；原告住所地与经常居住地不一致的，由原告经常居住地人民法院管辖：

（一）对不在中华人民共和国领域内居住的人提起的有关身份关系的诉讼；

（二）对下落不明或者宣告失踪的人提起的有关身份关系的诉讼；

（三）对被采取强制性教育措施的人提起的诉讼；

（四）对被监禁的人提起的诉讼。

第三十三条 下列案件，由本条规定的人民法院专属管辖：

（一）因不动产纠纷提起的诉讼，由不动产所在地人民法院管辖；

（二）因港口作业中发生纠纷提起的诉讼，由港口所在地人民法院管辖；

（三）因继承遗产纠纷提起的诉讼，由被继承人死亡时住所地或者主要遗产所在地人民法院管辖。

第三十四条 合同或者其他财产权益纠纷的当事人可以书面协议选择被告住所地、合同履行地、合同签订地、原告住所地、标的物所在地等与争议有实际联系的地点的人民法院管辖，但不得违反本法对级别管辖和专属管辖的规定。

第三十五条 两个以上人民法院都有管辖权的诉讼，原告可以向其中一个人民法院起诉；原告向两个以上有管辖权的人民法院起诉的，由最先立案的人民法院管辖。

第七节 民事诉讼证据与证明

【规则要点】

在民事诉讼中，当事人应当按照法律规定的期限、程序，提交符合规定形式的证据以证明待证事实。当事人不能对自己主张的事实提供充分证据证明、达到所需的证明标准的，人民法院将认定待证事实不存在，并进而作出不利于其的裁判。

民事诉讼证据分为当事人陈述、书证、物证、视听资料、电子数据、证人证言、鉴定意见与勘验笔录八大类。

当事人对于自己提出的主张，有责任提供证据。但对于以下两类证据，由法院进行收集：人民法院认为审理案件需要的证据，当事人申请法院收集并获得批准的属于其与其诉讼代理人因客观原因不能自行收集的证据。

在民事诉讼中，并非所有存在争议的事实都需要当事人提出证据加以证明。依据民事诉讼法有关规定，有的特定事实可以由法院直接认定，而无须当事人证明。

证明责任分配遵循“谁主张积极事实，谁举证”的基本原则，即主张法律关系存在、变更、消灭或者权利受到妨害的当事人，应当对法律关系存在、变更、消灭或者权利受到妨害的基本事实承担举证责任。

证据规则包括自由心证规则、最佳证据规则、非法证据排除规则、补强证据规则和涉及证明力的证据规则。

【理解与适用】

一、证据的分类

（一）证据的法定分类

依据民事诉讼法的规定，民事诉讼证据分为当事人陈述、书证、物证、视听资料、电子数据、证人证言、鉴定意见与勘验笔录八大类。

1. 当事人陈述

（1）当事人陈述的效力

当事人陈述，是指当事人在诉讼中就与案件有关的事实，向法院所作的陈述。具有专门知识的人在法庭上就专业问题提出的意见，视为当事人陈述。依据民事诉讼法及相关司法解释的规定，当事人陈述按照内容的不同分别具有以下法律效力：

A. 对方当事人无须举证证明。一方当事人在法庭审理中，或者在起诉状、答辩状、代理词等书面材料中，对于己不利的事实明确表示承认的，另一方当事人无须举证证明。但对于涉及身份关系、国家利益、社会公共利益等应当由人民法院依职权调查的事实除外。对一方当事人陈述的事实，另一方当事人既未表示承认也未否认，经审判人员充分说明并询问后，其仍不明确表示肯定或否定的，视为对该项事实的承认。自认的事实与查明的事实不符的，人民法院不予确认。

在诉讼中，当事人为达成调解协议或和解协议作出妥协而认可的事实，不得在后续诉讼中作为对其不利的证据，但法律另有规定或当事人均同意的除外。

B. 具有证据效力。当事人所作的于己有利的陈述，经其他证据证明为真实后，法院可以将其作为认定案件事实的根据之一。

C. 不具有证据效力。当事人所作的于己有利的陈述，未得到其他证据印证的，法院不得将该陈述作为认定案件事实的根据，该陈述不具有证据效力。

（2）当事人真实陈述的义务

当事人在诉讼中就与案件有关的事实向法院所作的陈述应当真实、可靠，不得进行不实陈述、虚假陈述，否则将承担相应的法律责任。人民法院认为有必要的，可以要求当事人本人到庭，就案件有关事实接受询问。在询问当事人之前，可以要求其签署保证书。保证书应当载明据实陈述、如有虚假陈述愿意接受处罚等内容。当事人应当在保证书上签名或者捺印。负有举证证明责任的当事人拒绝到庭、拒绝接受询问或者拒绝签署保证书，待证事实又欠缺其他证据证明的，人民法院对其主张的事实不予认定。

2. 书证

（1）书证的效力

书证，是指以文字、符号、图形等表达的思想内容对案件事实起证明内容的证据，如各种文件、文书、合同、票据、提单、借据、委托书等。书证是民事诉讼中常见的证据，往往能够起到较好的证明效果。对此，民事诉讼法及相关司法解释就公文书证和有关单位向人民法院出具的证明材料作了相应规定。

依据法律规定，国家机关或者其他依法具有社会管理职能的组织，在其职权范围内制作的文书所记载的事项推定为真实，但有相反证据足以推翻的除外。人民法院在必要时可以要求制作文书的机关或者组织对文书的真实性予以说明。

单位向人民法院提出的证明材料，应当由单位负责人及制作证明材料的人员签名或者盖章，并加盖单位印章。人民法院就单位出具的证明材料，可以向单位及制作证明材料的人员进行调查核实。人民法院在必要时可以要求制作证明材料的人员出庭作证。单位及制作证明材料的人员应当就出具的证明材料配合人民法院的调查核实，其拒绝人民法院调查核实，或者制作证明材料的人员无正当理由拒绝出庭作证的，该证明材料不得作为认定案件事实的根据。

（2）书证的提出命令与文书提出义务

依据《民诉解释》的规定，书证在对方当事人控制之下的，承担举证证明责任的当事人可以在举证期限届满前书面申请人民法院责令对方当事人提交。当事人提出申请后，法院应当进行审查。申请理由成立的，人民法院应当责令对方当事人提交，因提交书证所产生的费用，由申请人负担。对方当事人无正当理由拒不提交的，人民法院可以认定申请人所主张的书证内容为真实。

持有书证的当事人以妨碍对方当事人使用为目的，毁灭有关书证或者实施其他致使书证不能使用行为的，构成妨害民事诉讼的行为，人民法院可以对其处以罚款、拘留。

3. 物证

物证，是以其外形、质量、数量、特征等客观存在来证明案件事实的实体物或痕迹，如权属有争议的物品、买卖合同纠纷中质量存在争议的标的物、侵权纠纷中受到损坏的物品等。

依据民事诉讼法的规定，书证与物证是两种不同的、相互独立的证据形式，但实务中也存在某一实物证据既是物证也是书证的情形。如合同，当以其内容来证明相关事实时是书证，当以该合同上的笔迹的真伪来鉴定该合同是否是某一特定的人签署时，它又成为物证。

4. 视听资料

视听资料，是指以录音、录像等技术手段反映的声音、图像证明案件事实的材料，包括录音资料和影像资料，如照片、录音带、录像带等。人民法院对视听资料，应当辨别真伪，并结合本案的其他证据，审查确定能否作为认定事实的根据。

5. 电子数据

电子数据，是指通过电子邮件、电子数据交换、网上聊天记录、博客、微博客、手机短信、电子签名、域名等形成或者存储在电子介质中的信息。存储在电子介质中的录音资料和影像资料，适用电子数据的规定，如数码相机、摄像机、U 盘等中存储的照片、录像，或者手机中的通话录音等。就本质而言，电子数据是一种“储存在电子介质中的电子信息”。

6. 证人证言

(1) 证人资格

依据民事诉讼法及相关司法解释的规定，凡是知道案件情况的单位和个人，都有义务出庭作证。有关单位的负责人应当支持证人作证。据此，单位和个人均可作为民事诉讼中的证人。

此外，证人应当能够正确表达意思。不能正确表达意思的人，不能作为证人。待证事实与其年龄、智力状况或者精神健康状况相适应的无民事行为能力人和限制民事行为能力人，可以作为证人。

（2）证人出庭规则

证人的出庭由当事人在举证期限届满前申请，该证言属于人民法院依职权调查的事项，人民法院可以依职权通知证人出庭作证。未经人民法院通知，证人不得出庭作证，但双方当事人同意并且经人民法院准许的除外。

经人民法院通知，证人应当出庭作证。但对于有下列情形之一的，经人民法院许可，可以通过书面证言、视听传输技术或者视听资料等方式作证：A. 因健康原因不能出庭的；B. 因路途遥远，交通不便不能出庭的；C. 因自然灾害等不可抗力不能出庭的；D. 其他有正当理由不能出庭的。无正当理由未出庭作证的证人证言，不得单独作为认定案件事实的依据。证人在人民法院组织双方当事人交换证据时出庭陈述证言的，可视为出庭作证。

审判人员和当事人可以就案件有关事实对证人进行询问。证人不得旁听法庭审理；询问证人时，其他证人不得在场。人民法院认为有必要的，可以让证人进行对质。

（3）证人出庭费用补助

证人因履行出庭作证义务而支出的交通、住宿、就餐等必要费用以及误工损失，有权要求补偿。该费用及损失由败诉一方当事人负担。当事人申请证人作证的，由该当事人先行垫付；当事人没有申请，人民法院通知证人作证的，由人民法院先行垫付。

证人因履行出庭作证义务而支出的交通、住宿、就餐等必要费用，按照机关事业单位工作人员差旅费用和补贴标准计算；误工损失按照国家上年度职工日平均工资标准计算。

人民法院准许证人出庭作证申请的，应当通知申请人预缴证人出庭作证费用。

（4）证人如实作证义务

证人出庭后，应当客观、如实陈述所了解的案件事实，如实回答法官、当事人、诉讼代理人提出的问题，不得使用猜测、推断或评论性语言，不得对事实进行增减，更不得作伪证。证人为聋哑人的，可以用其他表示方式作证。

人民法院在证人出庭作证前应当告知其如实作证的义务以及作伪证的法律后果，并责令其签署保证书，但无民事行为能力人和限制民事行为能力人除外。证人拒绝签署保证书的，不得作证，并自行承担相关责任。

7. 鉴定意见

（1）鉴定程序的启动

当事人可以就查明事实的专门性问题向人民法院申请鉴定。申请可以在举证期限届满前提出。申请鉴定的事项与待证事实无关联，或者对待证事实无意义的，人民法院不予准许。当事人申请进行鉴定的鉴定人应当具有相应的鉴定资格，并由双方当事人协商确定；协商不成的，由人民法院指定。

当事人未申请鉴定，但符合依职权调查收集证据条件，人民法院应当依职权就专门性问题委托鉴定，并在询问当事人的意见后，指定具备相应资格的鉴定人。

（2）鉴定意见的作出

鉴定人就涉及案件的专门性问题进行鉴定的，有权了解进行鉴定所需要的案件材料，必要时可以询问当事人、证人。

鉴定人应当提出书面鉴定意见，在鉴定书上签名或者盖章。

多名鉴定人对同一问题进行鉴定，出现不同意见的，应当在鉴定意见书中注明。

鉴定人出具的鉴定书，应当具有下列内容：A. 委托人姓名或者名称、委托鉴定的内容；B. 委托鉴定的材料；C. 鉴定的依据及使用的科学技术手段；D. 对鉴定过程的说明；E. 明确的鉴定结论；F. 对鉴定人鉴定资格的说明；G. 鉴定人员及鉴定机构签名盖章。

（3）鉴定人出庭作证制度

鉴定人就其鉴定意见负有出庭作证的义务。

当事人对鉴定意见有异议或者人民法院认为鉴定人有必要出庭的，鉴定人应当出庭作证。经人民法院通知，鉴定人拒不出庭作证的，鉴定意见不得作为认定事实的根据；支付鉴定费用的当事人可以要求返还鉴定费用。

(4) 有专门知识的人出庭制度

当事人可以在举证期限届满前向人民法院申请通知1至2名具有专业知识的人出庭，代表当事人对鉴定意见进行质证，或者对案件事实所涉及的专业问题提出意见。人民法院准许当事人申请的，应当通知该鉴定人出庭，相关费用由提出申请的当事人负担。不同于鉴定意见的是，具有专门知识的人在法庭上就专业问题提出的意见视为当事人的陈述，适用当事人陈述的相关规定。

人民法院可以对出庭的具有专门知识的人进行询问；当事人在经法庭准许后，也可以对出庭的具有专门知识的人进行询问，当事人各自申请的具有专门知识的人可以就案件中的有关问题进行对质。

需要注意的是，具有专门知识的人不得参与专业问题之外的法庭审理活动。

(5) 重新鉴定

依据民事诉讼法及相关司法解释的规定，当事人在以下两种情况下可以向人民法院申请重新鉴定，人民法院应予准许：

其一，当事人有证据证明人民法院委托的鉴定部门作出的鉴定结论存在鉴定机构或者鉴定人员不具备相关的鉴定资格的；鉴定程序严重违法的；鉴定结论明显依据不足的；经过质证认定不能作为证据使用的其他情形这4种情况之一的。但是，对有缺陷的鉴定结论，可以通过补充鉴定、重新质证或者补充质证等方法解决的，不予重新鉴定。

其二，一方当事人自行委托有关部门作出的鉴定结论，且另一方当事人有证据足以反驳的。

8. 勘验笔录

勘验笔录，是指人民法院的审判人员在诉讼过程中对与案件有关的物品或者现场进行查验、测量、拍照后制作的笔录，包括现场勘验笔录、物证勘验笔录和人身检查笔录。

依照民事诉讼法及相关司法解释的规定，人民法院认为有必要的，可以根据当事人的申请或者依职权对物证或者现场进行勘验，并且在勘验时应当保护他人的隐私和尊严。人民法院可以要求鉴定人参与勘验，并且在必要时可以要求鉴定人在勘验中进行鉴定。

勘验物证或者现场，勘验人必须出示人民法院的证件，并邀请当地基层组织或者当事人所在单位派人参加。当事人或者当事人的成年家属应当到场，拒不到场的，不影响勘验的进行。勘验人应当组织好勘验活动，维持现场秩序。有关单位和个人根据人民法院的通知，有义务保护现场，协助勘验工作。

勘验人应当将勘验情况和结果制作笔录，由勘验人、当事人和被邀参加人签名或者盖章。

（二）证据的理论分类

对证据的理论分类予以初步了解将有助于当事人理解法定证据分类并运用证据进行诉讼活动。为此，本文对证据的理论分类简单介绍：

1. 原始证据与传来证据

该分类的依据是证据的来源。原始证据是直接来源于案件事实而未经复制、转述等中间传播环节的证据，如原件、原物、证人证言等；传来证据是指并非直接来源于案件事实，而是经过复制、转述等传播环节的证据，如复印件、复印品、证人转述他人见闻等。

2. 直接证据与间接证据

该分类的依据是证据与待证事实的关系。直接证据是指能够直接、单独证明待证事实的证据，其在内容上能够完整地证明待证事实；间接证据是指不能直接、单独证明待证事实，而需要与其他证据相结合才能够证明待证事实的证据，其在内容上只能证明待证事实的一个部分、一个片段。

3. 本证与反证

该分类的依据是证据与举证责任的关系。本证是指负有证明责任的一方当事人提出的用于证明自己所主张事实的证据；反证是指不承担证明责任的一方当事人提出的用于反驳对方主张的证据。

二、证据的收集和保全

（一）证据的收集

对于证据的收集，民事诉讼法及相关司法解释确立了“以当事人为主，法院为辅”的模式。当事人对于自己提出的主张，有责任提供证据。但对于以下两类证据，由法院进行收集：

1. 人民法院认为审理案件需要的证据

依据法律规定，对于涉及可能损害国家利益、社会公共利益的；涉及身份关系的；涉及公益诉讼的；当事人有恶意串通损害他人合法权益可能的；涉及依职权追加当事人、中止诉讼、终结诉讼、回避等程序性事项的，人民法院应当主动收集证据。除此之外，人民法院调查收集证据，应当依照当事人的申请进行。

2. 当事人申请法院收集并获得批准的属于其与其诉讼代理人因客观原因不能自行收集的证据

依据法律规定，当事人申请人民法院调查收集证据必须符合下列条件之一：（1）证据由国家有关部门保存，当事人及其诉讼代理人无权查阅调取的；（2）涉及国家秘密、商业秘密或者个人隐私的；（3）当事人及其诉讼代理人因客观原因不能自行收集的其他证据。

对于上述证据，当事人可以在举证期限届满前书面申请人民法院调查收集。申请书应当载明被调查人的姓名或者单位名称、住所地等基本情况、所要调查收集的证据的内容、需要由人民法院调查收集证据的原因及其要证明的事实。符合条件的，人民法院予以准许。人民法院调查收集证据，应当由两人以上共同进行。调查材料要由调查人、被调查人、记录人签名、捺印或者盖章。相关单位和个人应当配合人民法院依法的调查取证活动，不得妨碍或拒绝。

当事人申请调查收集的证据，与待证事实无关联、对证明待证事实无意义或者其他无调查收集必要的，人民法院不予准许。人民法院对当事人及其诉讼代理人的申请不予准许的，应当向当事人或其诉讼代理人送达通知书。当事人及其诉讼代理人可以在收到通知书的次日起 3 日内向受理申请的人民法院书面申请复议一次。人民法院应当在收到复议申请之日起 5 日内作出答复。

（二）证据的保全

证据保全，是指在证据可能灭失或日后难以取得的情况下，法院依据申请人的申请或者依职权对证据加以固定和保护的制度。根据保全的时间不同，分为诉讼中证据保全和诉前证据保全。

诉讼中证据保全，是指发生在案件受理后到判决生效前这一段时间的证据保全。在证据可能灭失或者以后难以取得的情况下，当事人可以在诉讼过程中向人民法院申请保全证据，人民法院也可以主动采取保全措施。当事人在诉讼中申请证据保全的，可以在举证期限届满前书面提出。

诉前证据保全，是指发生在案件受理以前的证据保全。因情况紧急，在证据可能灭失或者以后难以取得的情况下，利害关系人可以在提起诉讼或者申请仲裁前向证据所在地、被申请人住所地或者对案件有管辖权的人民法院申请保全证据。

证据保全可能对他人造成损失的，人民法院应当责令申请人提供相应的担保。证据保全的其他程序，参照本章第九节保全的有关内容。

三、免予证明的事实

在民事诉讼中，并非所有存在争议的事实都需要当事人提出证据加以证明。依据民事诉讼法及相关司法解释的规定，下列特定事实可以由法院直接认定，而无须当事人证明：

（一）当事人于诉讼上自认的事实

1. 诉讼上自认的构成要件

当事人对某一事实表示认可，在具备以下构成要件时，构成诉讼上的自认：

（1）当事人的自认在准备程序或者法庭审理过程中发生。当事人起诉状、答辩状、代理词等书面材料中的内容也可以发生自认的效力。

（2）当事人的自认必须针对法律允许自认的事实，而不能针对另一方提出的诉讼请求或者法律、法规及法律的解释。

（3）自认必须采取法律认可的方式，包括明示和默示。对于默示而言，当事人对对方当事人陈述的事实既未表示承认也未否认，经审判人员充分说明并讯问后，其仍不明确表示肯定或否定的，方得视为对该项事实的承认。

当事人在诉讼中除了可以亲自自认外，还可以通过诉讼代理人自认。诉讼代理人对一般性法律事实的自认视为当事人的自认，未经过当事人特别授权的诉讼代理人在诉讼过程中所为的可能导致承认对方诉讼请求的自认，则不能视为当事人的自认。但是，如果当事人在场，且其对代理人的承认不作否认表示的，则该自认视为当事人的自认。

（4）自认的内容于己不利。

2. 诉讼上自认的效力

对于作出自认的当事人而言，该当事人必须受自认内容的约束，不得再对自认所涉及的事实作出相反的主张。但是，当事人在诉讼中为达成调解协议或和解协议作出妥协而认可的事实，不得作为在后续的诉讼中对其不利的依据，法律另有规定或当事人均同意的除外。

对于对方当事人而言，该当事人对自认范围内的事实无须再承担证明责任。

对于人民法院而言，人民法院应当将自认的事实作为认定案件事实的依据，在当事人自认的范围内不得再进行证据调查，自认的内容应当成为人民法院认定案件事实的依据。但是，对于涉及身份关系、国家利益、社会公共利益等应当由人民法院依职权调查的事实除外。自认的事实与查明的事实不符的，人民法院对自认的事实不予确认。

当事人在法庭辩论终结前撤回自认并经对方当事人同意，或者有充分证据证明其自认行为是在受胁迫或者重大误解情况下作出且与事实不符的，不能免除对方当事人的举证责任。

（二）自然规律以及定理、定律

自然规律以及定理、定律是对客观事物的性质或其发展规律的反映，具有科学性。

（三）众所周知的事实

众所周知的事实，是指在一定的时间和地域范围内为受理案件的法官和一般成员所共知的事实。

（四）根据法律规定推定的事实

（略）

（五）根据已知的事实和日常生活经验法则推定出的另一事实

（略）

（六）已为法院发生法律效力的裁判所确认的事实

（略）

（七）已为仲裁机构生效裁决所确认的事实

（略）

（八）已为有效公证文书所证明的事实

（略）

上述免证事实，第 3 至 5 项规定的事实，当事人有相反证据足以反驳的除外；第 6 至 8 项规定的事实，当事人有相反证据足以推翻的除外。

四、证明责任与证明标准

（一）证明责任分配的一般规则

依据民事诉讼法及相关司法解释的规定，证明责任分配应当遵循“谁主张积极事实，谁举证”的基本原则，即主张法律关系存在、变更、消灭或者权利受到妨害的当事人，应当对法律关系存在、变更、消灭或者权利受到妨害的基本事实承担举证责任。在作出判决前，当事人未能提供证据或者证据不足以证明其事实主张的，由负有举证责任的当事人承担不利后果。

对此，相关司法解释对合同纠纷案件、劳动争议纠纷案件以及侵权纠纷案件的证明责任分配作了具体规定：

其一，在合同纠纷案件中，主张合同法律关系成立并生效的一方当事人对合同订立和生效的事实承担举证责任；主张合同关系变更、解除、终止、撤销的一方当事人对引起合同关系变动的事实承担举证责任。

对合同是否履行发生争议的，由负有履行义务的当事人承担举证责任。

对代理权发生争议的，由主张有代理权的一方当事人承担举证责任。

其二，在劳动争议纠纷案件中，因用人单位作出开除、除名、辞退、解除劳动合同、减少劳动报酬、计算劳动者工作年限等决定而发生劳动争议的，由用人单位负举证责任。

其三，在侵权纠纷案件中，由受害方对侵权责任的构成要件承担证明责任，由加害方对免责事由承担证明责任，法律、行政法规另有规定的除外。

（二）证明责任分配的特殊规则

证明责任分配的特殊规则，即证明责任的倒置，是指按照证据分配的一般规则分配证明责任后，对依此分配结果原本应当由一方当事人承担的证明责任，改由另一方当事人承担。应当注意的是，证明责任的倒置只有在法律明确规定的情况下方得适用，常见的证明责任倒置有以下几种：

1. 因新产品制造方法发明专利引起的专利侵权诉讼，由制造同样产品的单位或者个人对其产品制造方法不同于专利方法承担举证责任。

2. 因污染环境引起的损害赔偿诉讼，由加害人就法律规定的免责事由及其行为与损害结果之间不存在因果关系承担举证责任。

3. 建筑物或者其他设施以及建筑物上的搁置物、悬挂物发生倒塌、脱落、坠落致人损害的侵权诉讼，由所有人或者管理人对其无过错承担举证责任。

4. 因医疗行为引起的侵权诉讼，由医疗机构就医疗行为与损害结果之间不存在因果关系及其不存在医疗过错承担举证责任。

（三）证明责任分配的司法裁量

在法律没有具体规定，且依据相关司法解释无法确定证明责任承担时，人民法院可以根据公平原则和诚实信用原则，综合当事人举证能力等因素确定举证责任的承担。

（四）证明标准

1. 一般标准——高度可能性。对负有举证证明责任的当事人提供的证据，人民法院经审查并结合相关事实，确信待证事实的存在具有高度可能性的，应当认定该事实存在。

对一方当事人为反驳负有举证证明责任的当事人所主张事实而提供的证据，人民法院经审查并结合相关事实，认为待证事实真伪不明的，应当认定该事实不存在。

2. 特殊标准——排除合理怀疑。当事人对欺诈、胁迫、恶意串通事实的证明，以及对口头遗嘱或者赠与事实的证明，人民法院确信该待证事实存在的可能性能够排除合理怀疑的，应当认定该事实存在。

3. 法律对于待证事实所应达到的证明标准另有规定的，从其规定。

五、证据规则

民事诉讼法及相关司法解释确立的证据规则包括自由心证规则、补强证据规则、非法证据排除规则、最佳证据规则和证明力的审查与判断规则。

（一）自由心证规则

自由心证规则的核心在于法官对证据证明力依据理性和良知原则自由裁断。我国虽采实事求是的证据制度，但对于自由心证规则亦有部分吸收。依据法律规定，人民法院应当按照法定程序，全面、客观地审核证据。依照法律规定，运用逻辑推理和日常生活经验法则，对证据有无证明力和证明力大小进行判断，并公开判断的理由和结果。

（二）补强证据规则

补强证据规则，是指某一证据材料不能单独作为认定案件事实的依据，只有在其他证据佐证补强的情况下，才能作为案件的定案证据。依据司法解释规定，下列证据不能单独作为认定案件事实的依据：

1. 未成年人所作的与其年龄和智力状况不相当的证言；

2. 与一方当事人或者其代理人有利害关系的证人出具的证言；

3. 存有疑点的视听资料；

4. 无法与原件、原物核对的复印件、复制品；

5. 无正当理由未出庭作证的证人证言。

（三）非法证据排除规则

依据司法解释规定，对以严重侵害他人合法权益、违反法律禁止性规定或者严重违背公序良俗的方法形成或者获取的证据，不得作为认定案件事实的根据。

（四）最佳证据规则

最佳证据规则的核心在于，当事人提交证据应当提交原始证据。对此，我国民事诉讼制度有所体现。依照法律规定，当事人向人民法院提供证据，应当提供原件或者原物。如需自己保存证据原件、原物或者提供原件、原物确有困难的，可以提供经人民法院核对无异的复制件或者复制品。提交外文书证，必须附有中文译本。提交书证原件确有困难，包括下列情形：（1）书证原件遗失、灭失或者毁损的；（2）原件在对方当事人控制之下，经合法通知提交而拒不提交的；（3）原件在他人控制之下，而其有权不提交的；（4）原件因篇幅或者体积过大而不便提交的；（5）承担举证证明责任的当事人通过申请人民法院调查收集或者其他方式无法获得书证原件的。

发生上述情形的，人民法院应当结合其他证据和案件具体情况，审查判断书证复制品等能否作为认定案件事实的根据。

（五）证明力的审查与判断规则

证明力，是指证据资料在诉讼证明中的价值，它是证据资料在事实审理者心目中产生相信与否的力量或程度，特定证据证明力的确定对案件的审理往往具有直接影响。

1. 不同证据的证明力的审查与判断规则

依据法律规定，人民法院就数个证据对同一事实的证明力，可以依照下列原则认定：（1）国家机关、社会团体依职权制作的公文书证的证明力一般大于其他书证；（2）物证、档案、鉴定结论、勘验笔录或者经过公证、登记的书证，其证明力一般大于其他书证、视听资料和证人证言；

（3）原始证据的证明力一般大于传来证据；（4）直接证据的证明力一般大于间接证据；（5）证人提供的对与其有亲属或者其他密切关系的当事人有利的证言，其证明力一般小于其他证人证言。

2. 具有完全证明力的证据

依据法律规定，一方当事人提出的下列证据，对方当事人提出异议但没有足以反驳的相反证据的，人民法院应当确认其证明力：（1）书证原件或者与书证原件核对无误的复印件、照片、副本、节录本；（2）物证原物或者与物证原物核对无误的复制件、照片、录像资料等；（3）有其他证据佐证并以合法手段取得的、无疑点的视听资料或者与视听资料核对无误的复制件；（4）一方当事人申请人民法院依照法定程序制作的对物证或者现场的勘验笔录。

3. 相反证据的证明力的确认

依据法律规定，一方当事人提出的证据，另一方当事人认可或者提出的相反证据不足以反驳的，人民法院可以确认其证明力。一方当事人提出的证据，另一方当事人有异议并提出反驳证据，对方当事人对反驳证据认可的，可以确认反驳证据的证明力。

双方当事人对同一事实分别举出相反的证据，但都没有足够的依据否定对方证据的，人民法院应当结合案件情况，判断一方提供证据的证明力是否明显大于另一方提供证据的证明力，并对证明力较大的证据予以确认。因证据的证明力无法判断导致争议事实难以认定的，人民法院应当依据举证责任分配的规则作出裁判。

六、证明程序

（一）举证

1. 举证期限的确定

依据民事诉讼法及相关司法解释的规定，民事诉讼中举证期限的确定可以由人民法院指定，也可以由当事人协商确定。对于举证期限由人民法院指定的，第一审普通程序案件不得少于15日，当事人提供新证据的第二审案件不得少于10日。当事人在二审中没有提供新证据的，法院原则上不再指定举证期限。

对于举证期限由当事人协商一致确定的，应当经过人民法院许可。

2. 逾期举证的法律后果

当事人逾期提供证据的，人民法院应当责令其说明理由，必要时可以要求其提供相应的证据，并分情况处理：

（1）当事人因客观原因逾期提供证据，或者对方当事人对逾期提供的证据未提出异议的，视为未逾期。

（2）当事人因故意或者重大过失逾期提供的证据，人民法院不予采纳。但该证据与本事实有关的，人民法院应当予以采纳，并对当事人予以训诫、罚款。

（3）当事人非因故意或者重大过失逾期提供的证据，人民法院应当采纳，并对当事人予以训诫。

当事人一方要求另一方赔偿因逾期提供证据致使其增加的交通、住宿、就餐、误工、证人出庭作证等必要费用的，人民法院可予支持。

3. 举证期限的延长与重新指定

当事人在举证期限内提供证据确有困难的，可以在举证期限届满前向人民法院书面申请延长。申请理由成立的，人民法院应当准许，适当延长举证期限，并通知其他当事人，且延长的举证期限适用于其他当事人。申请理由不成立的，人民法院不予准许，并通知申请人。当事人在延长的举证期限内提交证据材料仍有困难的，可以再次提出延期申请，是否准许由人民法院决定。

举证期限届满后，当事人对已经提供的证据，申请提供反驳证据或者对证据来源、形式等方面的瑕疵进行补正的，人民法院可以酌情再次确定举证期限，该期限不受前述关于法院指定举证期限的限制。

4. 证据收据

法院收到当事人提交的证据材料，应当出具收据，写明证据名称、页数、份数、原件或复印件以及收到的时间等，并由经办人员签名或盖章。

（二）证据交换

1. 证据交换程序的启动

证据交换，是指在诉讼答辩期间届满后，开庭审理之前，人民法院组织当事人将各自持有的证据与对方进行交换的诉讼活动。依据法律规定，证据交换程序的启动有两种形式。

其一，由当事人申请，人民法院经审查后认为确有必要的，组织当事人在开庭审理前交换证据。

其二，人民法院对于证据较多或者复杂疑难的案件，应当依职权组织当事人在答辩期届满后、开庭审理前交换证据。

2. 证据交换的时间

交换证据的时间可以由当事人协商一致并经人民法院认可，也可以由人民法院指定。人民法院组织当事人交换证据的，交换证据之日举证期限届满。当事人申请延期举证经人民法院准许的，证据交换日相应顺延。

3. 证据交换的程序

依据法律规定，证据交换应当在审判人员的主持下进行。

在证据交换的过程中，审判人员对当事人无异议的事实、证据应当记录在卷；对有异议的证据，按照需要证明的事实分类记录在卷，并记载异议的理由。通过证据交换，确定双方当事人争议的主要问题。

当事人收到对方交换的证据后提出反驳并提出新证据的，人民法院应当通知当事人在指定的时间进行交换。

证据交换一般不超过两次。但重大、疑难和案情特别复杂的案件，人民法院认为确有必要再次进行证据交换的除外。

（三）质证

1. 质证的内容

质证，是指在法庭审理过程中双方当事人在法官的主持下，采用询问、辨认、质疑、辩驳、核实等方式对证据的效力进行质辩的诉讼活动。依据民事诉讼法及相关司法解释规定，证据应当在法庭上出示，由当事人互相质证。未经当事人质证的证据，不得作为认定案件事实的根据。但并不是所有证据都必须经过庭审质证，当事人在审理前的准备阶段认可的证据，经审判人员在庭审中说明后，视为质证过的证据。

人民法院应当组织当事人围绕证据的真实性、合法性以及与待证事实的关联性进行质证，并针对证据有无证明力和证明力大小进行说明和辩论。

涉及国家秘密、商业秘密、个人隐私或者法律规定应当保密的证据，不得公开质证。

2. 质证的程序

证据应当在法庭上出示，并由当事人按照下列顺序进行质证：（1）原告出示证据，被告、第三人与原告进行质证；（2）被告出示证据，原告、第三人与被告进行质证；（3）第三人出示证据，原告、被告与第三人进行质证。

（四）认证

认证，是指审判人员在当事人双方质证、辩论后，对庭审中出示的证据材料的客观性、关联性、合法性进行分析判断，从而确认其能否成为案件定案根据的诉讼活动。依据司法解释规定，人民法院应当按照法定程序，全面、客观地审核证据，依照法律规定与证明规则，运用逻辑推理和日常生活经验法则，对证据有无证明力和证明力大小进行判断，并公开判断的理由和结果。

审判人员对单一证据可以从以下几个方面进行审核认定：(1）证据是否为原件、原物，复印件、复制品与原件、原物是否相符；(2）证据与本案事实是否相关；(3）证据的形式、来源是否符合法律规定；(4）证据的内容是否真实；(5）证人或者提供证据的人，与当事人有无利害关系。

审判人员对案件的全部证据，应当从各证据与案件事实的关联程度、各证据之间的联系等方面进行综合审查判断。

【风险提示】

1. 民事主体在进行有关民事活动时，应当妥善保管有关的事实证据材料，以避免在产生纠纷时因没有充足证据支撑自己的主张而获得不利的裁判结果。

2. 在得知有关证据材料有毁损灭失风险时，需要该证据材料证明有关事实的当事人应当及时对其予以妥当保护或向人民法院申请证据保全，以避免因有关证据毁损灭失而给自己带来损失。

【法条指引】

中华人民共和国民事诉讼法（节录）

第六十三条 证据包括：

（一）当事人的陈述；

（二）书证；

（三）物证；

（四）视听资料；

（五）电子数据；

（六）证人证言；

（七）鉴定意见；

（八）勘验笔录。

证据必须查证属实，才能作为认定事实的根据。

第六十四条 当事人对自己提出的主张，有责任提供证据。

当事人及其诉讼代理人因客观原因不能自行收集的证据，或者人民法院认为审理案件需要的证据，人民法院应当调查收集。

人民法院应当按照法定程序，全面地、客观地审查核实证据。

第六十八条 证据应当在法庭上出示，并由当事人互相质证。对涉及国家秘密、商业秘密和个人隐私的证据应当保密，需要在法庭出示的，不得在公开开庭时出示。

第八十一条 在证据可能灭失或者以后难以取得的情况下，当事人可以在诉讼过程中向人民法院申请保全证据，人民法院也可以主动采取保全措施。

因情况紧急，在证据可能灭失或者以后难以取得的情况下，利害关系人可以在提起诉讼或者申请仲裁前向证据所在地、被申请人住所地或者对案件有管辖权的人民法院申请保全证据。

证据保全的其他程序，参照适用本法第九章保全的有关规定。

最高人民法院关于适用《中华人民共和国民事诉讼法》的解释（节录）

第九十条 当事人对自己提出的诉讼请求所依据的事实或者反驳对方诉讼请求所依据的事实，应当提供证据加以证明，但法律另有规定的除外。

在作出判决前，当事人未能提供证据或者证据不足以证明其事实主张的，由负有举证证明责任的当事人承担不利的后果。

第九十一条 人民法院应当依照下列原则确定举证证明责任的承担，但法律另有规定的除外：

（一）主张法律关系存在的当事人，应当对产生该法律关系的基本事实承担举证证明责任；

（二）主张法律关系变更、消灭或者权利受到妨害的当事人，应当对该法律关系变更、消灭或者权利受到妨害的基本事实承担举证证明责任。

第八节　诉讼调解与和解

【规则要点】

在民事诉讼中，除由法院进行审判作出裁判解决纠纷外，当事人亦可通过诉讼调解与和解，根据平等、自愿的原则在诉讼中解决双方的纠纷。相较于民事裁判，通过诉讼调解与和解解决纠纷更能表达当事人的意愿，易于当事人接受并有助于后续的实现。此外，人民法院制作的调解书具有强制执行的效力，一方当事人不履行的，对方当事人可向人民法院申请强制执行。

【理解与适用】

一、诉讼调解的原则

诉讼调解，是指在法院审判人员的主持下，双方当事人就他们之间发生的民事权益争议，通过自愿、平等的协商取得一致意见，达成协议，解决纠纷的诉讼活动和结案方式。

依据法律规定，人民法院审理民事案件，应当根据自愿和合法的原则，在事实清楚的基础之上，分清是非，进行调解；调解不成的，应当及时作出判决。

调解协议具有下列情形之一的，人民法院不予确认：（1）侵害国家利益、社会公共利益的；（2）侵害案外人利益的；（3）违背当事人真实意思的；（4）违反法律、行政法规禁止性规定的。

二、诉讼调解的过程

（一）诉讼调解的适用范围

依据民事诉讼法及相关司法解释规定，下列案件适用诉讼调解：（1）对于有可能通过调解解决的民事案件，应当调解；（2）对于离婚案件，应当调解；（3）对于简易程序审理的下列案件应当先行调解：婚姻家庭纠纷和继承纠纷、劳务合同纠纷、交通事故和工伤事故引起的权利义务关系较为明确的损害赔偿纠纷、宅基地和相邻权纠纷、合伙协议纠纷以及诉讼标的额较小的纠纷。

对于下列案件，不适用诉讼调解：

一是适用特别程序、督促程序、公示催告程序、破产还债程序审理的案件；

二是婚姻、身份关系的确认案件以及其他依案件性质不能调解的民事案件。

诉讼调解适用于解决民事权利义务争议案件的诉讼程序的全过程，包括一审、二审以及再审阶段，而对于不存在争议的执行程序则不能进行诉讼调解。

（二）诉讼调解的启动

依据民事诉讼法及相关司法解释的规定，当事人有权向人民法院申请调解；但另一方当事人不同意调解的，人民法院不得强制。此外，对于经审查认为法律关系明确、事实清楚的民事案件，人民法院在征得双方当事人同意后，可以径行调解。

（三）诉讼调解的期限

依据法律规定，人民法院对受理的第一审、第二审和再审民事案件，可以在答辩期满后、裁判作出前进行调解。在征得当事人各方同意后，人民法院可以在答辩期满前进行调解。

在答辩期满前人民法院对案件进行调解的，适用普通程序的案件在当事人同意调解之日起15日内进行，适用简易程序的案件在当事人同意调解之日起7日内进行。未达成调解协议的，经各方当事人同意，可以继续调解。延长的调解期间不计入审限。

当事人愿意进行调解，但审理期限即将届满的，可以由当事人协商确定继续调解的期限，经人民法院审查同意后，由承办法官记录在卷。案件有达成调解协议的可能，当事人不能就继续调解的期限达成一致的，经人民法院院长批准，可以合理延长调解期限。

（四）诉讼调解的组织形式

人民法院进行调解，可以由审判员一人主持，也可以由合议庭主持，并尽可能就地进行。主持调解的审判人员在查明事实的基础上，应当向双方当事人阐明有关政策和法律，做好疏导工作，并引导他们就具体的争议事项进行协商。当事人可以自行提出调解方案，主持调解的人员也可以根据情况，提出调解方案供双方当事人协商时参考，但不能强迫当事人接受法院的调解方案。

人民法院进行调解，可以用简便方式通知当事人、证人到庭，如口头通知、电话通知等传票、传唤通知书以外的通知方式。

（五）由委托代理人参加调解

人民法院调解案件时，当事人不能出庭的，经其特别授权，可由其委托代理人参加调解，达成的调解协议，可由委托代理人签名。离婚案件当事人确因特殊情况无法出庭参加调解的，除本人不能表达意志的以外，应当出具书面意见。

（六）协助调解与委托调解

人民法院可以邀请与当事人有特定关系或者与案件有一定联系的企业事业单位、社会团体或者其他组织，以及具有专门知识、特定社会经验、与当事人有特定关系并有利于促成调解的个人协助调解工作。被邀请的单位和个人，应当协助人民法院进行调解。经各方当事人同意，人民法院可以委托规定的单位或者个人对案件进行调解，达成调解协议后，人民法院应当依法予以确认。

（七）诉讼调解的方式

人民法院审理民事案件，调解过程不公开，但当事人同意公开的除外。调解协议内容不公开，但为保护国家利益、社会公共利益、他人合法权益，人民法院认为确有必要公开的除外。

主持调解以及参与调解的人员，对调解过程以及调解过程中获悉的国家秘密、商业秘密、个人隐私和其他不宜公开的信息，应当保守秘密，但为保护国家利益、社会公共利益、他人合法权益的除外。

（八）诉讼调解的内容

诉讼调解的内容由双方当事人决定，并不一定局限于案件的诉讼请求，诉讼调解协议超出诉讼请求的，人民法院可以准许。

当事人就部分诉讼请求达成调解协议的，人民法院可以就此先行确认并制作调解书。当事人就主要诉讼请求达成调解协议，请求人民法院对未达成协议的诉讼请求提出处理意见并表示接受该处理结果的，人民法院的处理意见是调解协议的一部分内容，制作调解书时记入调解书。

（九）诉讼调解的结束

诉讼调解成功，双方当事人在审判人员的主持下经过协商达成协议，从而结束调解程序。法院根据协议内容制作调解书，调解书生效后，诉讼程序结束。

诉讼调解失败，当事人最终未达成协议，当事人一方或双方不愿意再进行调解，根据自愿原则，人民法院不得强迫当事人继续进行调解，不得久调不决，而应当终止调解。在此情况下，人民法院应当继续审理，依法裁判。

三、调解协议、调解书及其效力

（一）调解协议与调解书

调解协议，是指在人民法院的主持下，当事人双方针对其争议的民事权利义务，通过协商达成的诉讼契约。调解达成协议后，人民法院应当将调解协议记入调解笔录或者法庭笔录，再根据调解协议的内容制作调解书。调解书既是对双方当事人协商结果的记载，也是对人民法院确认调解协议的证明。

（二）调解协议的督促条款与担保履行条款

当事人达成调解协议时，为保障调解协议的履行，可以约定违反调解协议的违约责任，但是，不得约定一方不履行协议，另一方可以请求人民法院作出裁判的条款。

当事人也可以在调解协议中就协议的履行约定担保条款，由当事人一方或者案外人提供担保。案外人提供担保的，人民法院制作调解书应当列明担保人，并将调解书送交担保人。担保人不签收调解书的，不影响调解书的生效。当事人或者案外人提供的担保符合担保法规定的条件时生效。

（三）调解协议内容向判决的转换

当事人达成和解协议或经调解达成调解协议后请求法院据此制作判决书的，人民法院不予支持，但以下两种情形例外：

1. 无民事行为能力人的离婚案件，法定代理人与对方达成协议要求发给判决书的，人民法院可以根据协议内容制作判决书；

2. 涉外民事诉讼中，经调解双方当事人达成协议，应当制发调解书。当事人要求发给判决书的，可以依协议的内容制作判决书送达当事人。

（四）调解书的制作与生效

当事人就案件争议达成调解协议的，原则上应当制作调解书，经当事人签收后生效，当事人拒不签收调解书的，调解书不生效，人民法院应当及时判决。

但以下情况可以不制作调解书，由双方当事人、审判人员、书记员签名或盖章后生效：(1) 调解和好的离婚案件；(2) 调解维持收养关系的案件；(3) 能够即时履行的案件；(4) 其他不需要制作的情形。

在此，“其他不需要制作的情形”是指当事人各方同意在调解协议上签名或盖章后即发生法律效力的，经人民法院审查确认后，应当记入笔录或者将调解协议附卷，并由当事人、审判人员、书记员签名或盖章后即具有法律效力。上述规定情形，当事人请求制作调解书的，人民法院审查确认后可以制作调解书送交当事人。当事人拒收调解书的，不影响调解协议的效力。

需要注意的是，上述可以不制作调解书的情形只存在于一审中。二审、再审中达成调解协议的，人民法院应当制作调解书。

四、诉讼和解

诉讼和解，即诉讼上的和解，是指当事人双方在诉讼过程中自行协商，达成协议，解决纠纷的诉讼行为。

依据法律规定，在诉讼中当事人可以自行达成和解协议，并可通过以下两种方式结案：

其一，当事人可以请求人民法院依据和解协议制作调解书。调解书具有强制执行力，一方不履行，另一方可以申请强制执行调解书。

其二，当事人可以撤回起诉。撤回起诉后案件未经过实体处理，当事人可以再次起诉。

【风险提示】

民事诉讼中，当事人通过调解或和解解决纠纷后，如担心调解或和解的合意的履行，应及时请求人民法院制作调解书，以就调解或和解结果获得司法强制力的保护。

【相关案例】

李某某、郭某某生命权、健康权、身体权纠纷一审民事调解

原告李某某就其与被告郭某某健康权纠纷一案，向福建省邵武市人民法院起诉。

经法院主持调解，双方当事人自愿达成调解协议，并经各方当事人在调解笔录上签名或者盖章。法院根据民事诉讼法第98条第1款第3项关于人民法院主持的调解在特定情形可以不制作调解书的规定，决定本案不另行制作民事调解书。

【法条指引】

中华人民共和国民事诉讼法（节录）

第九十三条 人民法院审理民事案件，根据当事人自愿的原则，在事实清楚的基础上，分清是非，进行调解。

第九十六条 调解达成协议，必须双方自愿，不得强迫。调解协议的内容不得违反法律规定。

第九十七条 调解达成协议，人民法院应当制作调解书。调解书应当写明诉讼请求、案件的事实和调解结果。

调解书由审判人员、书记员署名，加盖人民法院印章，送达双方当事人。

调解书经双方当事人签收后，即具有法律效力。

第九十八条 下列案件调解达成协议，人民法院可以不制作调解书：

（一）调解和好的离婚案件；

（二）调解维持收养关系的案件；

（三）能够即时履行的案件；

（四）其他不需要制作调解书的案件。

对不需要制作调解书的协议，应当记入笔录，由双方当事人、审判人员、书记员签名或者盖章后，即具有法律效力。

最高人民法院关于适用《中华人民共和国民事诉讼法》的解释（节录）

第一百四十九条 调解书需经当事人签收后才发生法律效力的，应当以最后收到调解书的当事人签收的日期为调解书生效日期。

第九节 民事诉讼保障制度

【规则要点】

为保障人民法院的正常运作、民事诉讼活动的顺利进行，民事诉讼法规定了一系列的民事诉讼保障制度，包括保全与先予执行制度、对妨害民事诉讼行为适用有关强制措施的制度、期间与送达制度、诉讼费用确定与交纳制度。

【理解与适用】

一、保全与先予执行

（一）保全的对象

民事诉讼保全，是指人民法院采取法定措施，对财产、行为、证据等特定事物的法律特性和法律价值予以保存和保护。根据民事诉讼法的体系安排，本部分讲述的保全是指财产保全与行为保全。

（二）诉前保全

诉前保全，是指在利害关系人起诉前，人民法院根据利害关系人的申请，对被申请人的财产、行为采取强制性保护措施的保全制度。由于保全发生在诉讼程序尚未启动时，故法律对其作了较为严格的规定。

1. 适用情形

利害关系人因情况紧急，不立即申请保全将会使其合法权益受到难以弥补的损害的，可以在提起诉讼或者申请仲裁前向人民法院申请采取保全措施。

2. 管辖

当事人的诉前保全申请应当向被保全财产所在地、被申请人所在地或者对案件有管辖权的人民法院申请。

当事人向采取诉前保全措施以外的其他有管辖权的人民法院起诉的，采取诉前保全措施的人民法院应当将保全手续移送受理案件的人民法院。诉前保全的裁定视为受移送人民法院作出的裁定。

3. 担保

对于诉前保全，人民法院应当要求申请人提供担保；申请人不提供担保的，裁定驳回申请。对申请保全人或者他人提供的担保财产，人民法院应当依法办理查封、扣押、冻结等手续。

4. 裁定

人民法院接受保全申请后应当在48小时内作出裁定；裁定保全的，应当立即执行。

5. 起诉期

当事人申请诉前保全的，申请人应当在法院采取保全措施后30日内起诉或申请仲裁。如果其在30日内起诉或者申请仲裁的，诉前保全自动转为诉讼或者仲裁中保全措施，进入执行程序后，自动转为执行中的查封、扣押、冻结。

如果申请人未在30日内起诉或者申请仲裁，人民法院应当裁定解除保全措施。

（三）诉讼保全

诉讼保全，是指人民法院已经受理案件后，为保证将来生效判决的执行，依据当事人的申请或者依职权，对当事人的财产、争议的标的物或行为采取强制性保护措施的保全行为。

1. 适用情形

人民法院对于可能因当事人一方的行为或者其他原因，使判决难以执行或者造成当事人其他损害的案件，根据对方当事人的申请，可以裁定对其财产进行保全、责令其作出一定行为或者禁止其作出一定行为；当事人没有提出申请的，人民法院在必要时也可以裁定采取保全措施。

2. 管辖

诉讼保全由受理案件的人民法院管辖。上诉案件中，二审法院收到报送案件前，当事人有转移、隐匿、出卖或者毁损财产等行为，必须采取保全措施的，由第一审人民法院依当事人申请或者依职权采取。第一审人民法院的保全裁定，应当及时报送第二审人民法院。

第二审人民法院裁定对第一审人民法院采取的保全措施予以续保或者采取新的保全措施的，可以自行实施，也可以委托第一审人民法院实施。再审人民法院裁定对原保全措施予以续保或者采取新的保全措施的，可以自行实施，也可以委托原审人民法院或者执行法院实施。

3. 担保

人民法院采取保全措施，可以责令申请人提供担保，申请人不提供的，裁定驳回申请。对申请保全人或者他人提供的担保财产，人民法院应当依法办理查封、扣押、冻结等手续。

4. 裁定

人民法院接受申请后，对情况紧急的，必须在48小时内作出裁定；裁定采取保全措施的，应当立即执行。

（四）执行前的保全

法律文书生效后，进入执行程序前，债权人因对方当事人转移财产等紧急情况，不申请保全可能导致生效法律文书不能执行或难以执行的，可以向执行法院申请采取保全措施。债权人在法律文书指定的履行期间届满后5日内不申请执行的，人民法院应当解除保全。

由于此时判决已经生效，当事人之间的义务关系已经明确，故执行前的保全可以不要求当事人提供担保。

（五）诉前保全和诉讼保全的共同问题

1. 财产保全的措施及适用

依据民事诉讼法及相关司法解释的规定，保全限于请求的范围，或者与本案有关的财物。财产保全采取查封、扣押、冻结或者法律规定的其他方法。人民法院保全财产后，应当立即通知被保全财产的人。财产已被查封、冻结的，不得重复查封、冻结。

人民法院对季节性商品、鲜活、易腐烂变质以及其他不宜长期保存的物品采取保全措施时，可以责令当事人及时处理，由人民法院保存价款；必要时，人民法院可予以变卖，保存价款。

人民法院在财产保全中采取查封、扣押、冻结财产措施时，应当妥善保管被查封、扣押、冻结的财产。不宜由人民法院保管的，人民法院可以指定被保全人负责保管；不宜由被保全人保管的，可以委托他人或者申请保全人保管。

查封、扣押、冻结担保物权人占有的担保财产，一般由担保物权人保管；由人民法院保管的，质权、留置权不因采取保全措施而消灭。

由人民法院指定被保全人保管的财产，如果继续使用对该财产的价值无重大影响，可以允许被保全人继续使用；由人民法院保管或者委托他人、申请保全人保管的财产，人民法院和其他保管人不得使用。

人民法院采取财产保全的方法和措施，依照执行程序相关规定办理。

人民法院对抵押物、质押物、留置物可以采取财产保全措施，但不影响抵押权人、质权人、留置权人的优先受偿权。

人民法院对债务人到期应得的收益，可以采取财产保全措施，限制其支取，通知有关单位协助执行。

债务人的财产不能满足保全请求，但对他人有到期债权的，人民法院可以依债权人的申请裁定该他人不得对本案债务人清偿。该他人要求偿付的，由人民法院提存财物或者价款。

2. 保全的解除与变更

人民法院裁定采取保全措施后，除作出保全裁定的人民法院自行解除或者其上级人民法院决定解除外，在保全期限内，任何单位不得解除保全措施。

依据法律规定，裁定采取保全措施后，有下列情形之一的，人民法院应当作出解除保全裁定：（1）保全错误的；（2）申请人撤回保全申请的；（3）申请人的起诉或者诉讼请求被生效裁判驳回的；（4）诉前保全措施采取后申请人 30 日内不起诉或申请仲裁的；（5）人民法院认为应当解除保全的其他情形。

财产保全的被保全人提供其他等值担保财产且有利于执行的，人民法院可以裁定变更保全标的物为被保全人提供的担保财产。

保全裁定未经人民法院依法撤销或者解除，进入执行程序后，自动转为执行中的查封、扣押、冻结措施，期限连续计算，执行法院无须重新制作裁定书，但查封、扣押、冻结期限届满的除外。

3. 保全的救济

当事人对保全裁定不服的，可以自收到裁定书之日起 5 日内向作出裁定的人民法院申请复议，复议期间不停止保全的执行。人民法院应当在收到复议申请后10日内审查，裁定正确的，驳回当事人的申请；裁定错误的，变更或者撤销原裁定。利害关系人对保全裁定不服申请复议的，由作出裁定的人民法院依照上述规定处理。

4. 赔偿方式

申请有错误的，申请人应当赔偿被申请人因保全遭受的损失。申请人提供担保的，可以直接就担保财产进行赔偿；未提供担保财产的，被申请人可以通过在诉讼中主张抵销或者提起损害赔偿之诉的方式获得赔偿。对于人民法院错误地依职权采取保全措施致使被申请人受到损失的情况，应当由人民法院依照国家赔偿法予以赔偿。

（六）先予执行

1. 先予执行的适用情形

依据法律规定，人民法院对下列案件，根据当事人的申请，可以裁定先予执行：

（1）追索赡养费、扶养费、抚育费、抚恤金、医疗费用的；

（2）追索劳动报酬的；

（3）因情况紧急需要先予执行的，包括：A. 需要立即停止侵害、排除妨碍的；B. 需要立即制止某项行为的；C. 追索恢复生产、经营急需的保险理赔费的；D. 需要立即返还社会保险金、社会救助资金的；E. 不立即返还款项，将严重影响权利人生活和生产经营的。

2. 先予执行的适用条件

人民法院采取先予执行措施的，应当符合以下4项条件：（1）当事人之间的权利义务关系明确；（2）申请人有实现权利的迫切需要；（3）当事人向人民法院提出先予执行的申请；（4）被申请人具有履行能力。

3. 先予执行的程序

需要采取先予执行措施的，权利人应当向人民法院提出先予执行的申请。人民法院可以要求申请人提供担保，申请人不提供担保的，驳回申请。应当注意的是，担保不是必须的，是否要求申请人提供担保由人民法院自由裁量。

先予执行的范围限于当事人诉讼请求的范围，且以当事人生活、生产经营的急需为限。

人民法院对于先予执行的申请应当进行审查，并作出裁定，当事人对该裁定不服的，可以自收到裁定书之日起5日内向作出裁定的人民法院申请复议，复议期间不停止先予执行的执行。人民法院应当在收到复议申请后10日内审查，裁定正确的，驳回当事人的申请；裁定错误的，变更或者撤销原裁定。利害关系人对先予执行裁定不服申请复议的，由作出裁定的人民法院依照上述规定处理。

人民法院先予执行后，根据发生法律效力的判决，申请人应当返还因先予执行所取得的利益的，人民法院应当作出裁定，责令取得财产的人返还；拒不返还的，强制执行。

二、对妨害民事诉讼的强制措施

（一）妨害民事诉讼行为的种类

1. 必须到庭的被告，指负有赡养、抚育、扶养义务和不到庭就无法查清案情的被告，以及给国家、集体或他人造成损害的未成年人的法定代理人与必须到庭才能查清案件基本事实的原告，经两次传票传唤，无正当理由拒不到庭的，人民法院可以对其适用拘传。

2. 诉讼参与人和其他人违反法庭规则，扰乱法庭秩序的行为，具体包括：(1) 哄闹、冲击法庭，侮辱、诽谤、威胁、殴打审判人员等；(2) 未经准许进行录音、录像、摄影的；(3) 未经准许以移动通信等方式现场转播审判活动的；(4) 其他扰乱法庭秩序，妨害审判活动进行的。

有上述情形的，人民法院可以暂扣诉讼参与人或者其他人进行录音、录像、摄影、传播审判活动的器材，并责令其删除有关内容；拒不删除的，人民法院可以采取必要手段强制删除。对于上述行为，情节较轻的，人民法院可以予以训诫、责令退出法庭或处以罚款、拘留；情节严重的，依法追究刑事责任。

3. 诉讼参与人或者其他人的下列行为：(1) 伪造、毁灭重要证据，妨碍人民法院审理案件的。(2) 以暴力、威胁、贿买方法阻止证人作证或者指使、贿买、胁迫他人作伪证的。(3) 隐藏、转移、变卖、毁损已被查封、扣押的财产，或者已被清点并责令其保管的财产，转移已被冻结的财产的。(4) 对司法工作人员、诉讼参加人、证人、翻译人员、鉴定人、勘验人、协助执行的人，进行侮辱、诽谤、诬陷、殴打或者打击报复的。

(5) 以暴力、威胁或者其他方法阻碍司法工作人员执行职务的，包括在人民法院哄闹、滞留，不听从司法工作人员劝阻的；故意毁损、抢夺人民法院法律文书、查封标志的；哄闹、冲击执行公务现场，围困、扣押执行或者协助执行公务人员的；毁损、抢夺、扣留案件材料、执行公务车辆、其他执行公务器械、执行公务人员服装和执行公务证件的；以暴力、威胁或者其他方法阻碍司法工作人员查询、查封、扣押、冻结、划拨、拍卖、变卖财产的；以暴力、威胁或者其他方法阻碍司法工作人员执行职务的其他行为。(6) 拒不履行人民法院已经发生法律效力的判决、裁定的，包括在法律文书发生法律效力后隐藏、转移、变卖、毁损财产或者无偿转让财产、以明显不合理的价格交易财产、放弃到期债权、无偿为他人提供担保等，致使人民法院无法执行的；隐藏、转移、毁损或者未经人民法院允许处分已向人民法院提供担保的财产的；违反人民法院限制高消费令进行消费的；有履行能力而拒不按照人民法院执行通知履行生效法律文书确定的义务的；有义务协助执行的个人接到人民法院协助执行通知书后，拒不协助执行的。

对于上述行为，人民法院可以根据情节轻重予以罚款、拘留；构成犯罪的，依法追究刑事责任。人民法院对有上述行为之一的单位，可以对其主要负责人或者直接责任人员予以罚款、拘留；构成犯罪的，依法追究刑事责任。

此外，诉讼参与人或者其他人有下列行为之一的，人民法院可以依照上述规定处理：(1) 冒充他人提起诉讼或者参加诉讼的；(2) 证人签署保证书后作虚假证言，妨碍人民法院审理案件的；(3) 伪造、隐藏、毁灭或者拒绝交出有关被执行人履行能力的重要证据，妨碍人民法院查明被执行人财产状况的；(4) 擅自解冻已被人民法院冻结的财产的；(5) 接到人民法院协助执行通知书后，给当事人通风报信，协助其转移、隐匿财产的。

4. 当事人之间恶意串通，企图通过诉讼、调解等方式侵害他人合法权益的，此处的他人合法权益，包括案外人的合法权益、国家利益、社会公共利益。

对于上述情形，人民法院应当驳回其请求，并根据情节轻重予以罚款、拘留；构成犯罪的，依法追究刑事责任。单位有前述行为的，人民法院应当对该单位进行罚款，并可以对其主要负责人或者直接责任人员予以罚款、拘留；构成犯罪的，依法追究刑事责任。第三人提起撤销之诉的，经审查，原案当事人之间恶意串通进行虚假诉讼的，适用上述规定处理。

5. 被执行人与他人恶意串通，通过诉讼、仲裁、调解等方式逃避履行法律文书确定的义务的。对于上述情形，人民法院应当根据情节轻重予以罚款、拘留；构成犯罪的，依法追究刑事责任。单位有上述行为的，人民法院应当对该单位进行罚款，并可以对其主要负责人或者直接责任人员予以罚款、拘留；构成犯罪的，依法追究刑事责任。

6. 有义务协助调查、执行的单位有下列行为之一：（1）有关单位拒绝或者妨碍人民法院调查取证的；（2）有关单位接到人民法院协助执行通知书后，拒不协助查询、扣押、冻结、划拨、变价财产的；（3）有关单位接到人民法院协助执行通知书后，拒不协助扣留被执行人的收入、办理有关财产权证照转移手续、转交有关票证、证照或者其他财产的；（4）其他拒绝协助执行的。

人民法院对有下列行为之一的单位，除责令其履行协助义务外，并可予以罚款，同时可以对其主要负责人或者直接责任人员予以罚款；对仍不履行协助义务的，可以予以拘留；并可以向监察机关或者有关机关提出予以纪律处分的司法建议。有关单位接到人民法院协助执行通知书后，有下列行为之一的，人民法院可以适用上述规定处理：（1）允许被执行人高消费的；（2）允许被执行人出境的；（3）拒不停止办理有关财产权证照转移手续、权属变更登记、规划审批等手续的；（4）以需要内部请示、内部审批，有内部规定等为由拖延办理的。

（二）对妨害民事诉讼的强制措施的种类及使用程序

1. 拘传

拘传，是指人民法院依法强制有关人员到庭诉讼或到场接受询问的措施。依照法律规定，人民法院决定适用拘传的，必须由院长批准，签发拘传票，并直接送达被拘传人；在拘传前，应当向被拘传人说明拒不到庭的后果，经批评教育仍拒不到庭的，可以拘传其到庭。

2. 训诫、责令退出法庭

训诫是一种较轻的强制措施，是指人民法院以批评教育的方式，责令妨害民事诉讼行为人改正或不得再犯的措施。责令退出法庭，是指人民法院在开庭审理过程中，对违反法庭规则的人，命令其离开法庭或依法强制其离开法庭，防止其继续实施妨害民事诉讼行为的措施。训诫、责令退出法庭由合议庭或者独任审判员决定。训诫的内容、被责令退出法庭者的违法事实应当记入庭审笔录。

3. 罚款

依据法律规定，对个人的罚款金额，为人民币10万元以下；对单位的罚款金额，为人民币5万元以上100万元以下。人民法院对个人或者单位采取罚款措施时，必须经院长批准，并根据其实施妨害民事诉讼行为的性质、情节、后果，当地的经济发展水平，以及诉讼标的额等因素，在上述限额内确定相应的罚款金额。

4. 拘留

本处的拘留是指司法拘留，最高不得超过15日。人民法院依照法律规定采取拘留措施的，应经院长批准，作出拘留决定书，由司法警察将被拘留人送交当地公安机关看管。被拘留人不在本辖区的，作出拘留决定的人民法院应当派员到被拘留人所在地的人民法院，请该院协助执行，受委托的人民法院应当及时派员协助执行。被拘留人申请复议或者在拘留期间承认并改正错误，需要提前解除拘留的，受委托人民法院应当向委托人民法院转达或者提出建议，由委托人民法院审查决定。人民法院对被拘留人采取拘留措施后，应当在24小时内通知其家属；确实无法按时通知或者通知不到的，应当记录在案。因哄闹、冲击法庭，用暴力、威胁等方法抗拒执行公务等紧急情况，必须立即采取拘留措施的，可在拘留后，立即报告院长补办批准手续。院长认为拘留不当的，应当解除拘留。被拘留人在拘留期间认错悔改的，可以责令其具结悔过，提前解除拘留。提前解除拘留，应报经院长批准，并作出提前解除拘留决定书，交负责看管的公安机关执行。

罚款、拘留可以单独适用，也可以合并适用。对同一妨害民事诉讼行为的罚款、拘留不得连续适用。发生新的妨害民事诉讼行为的，人民法院可以重新予以罚款、拘留。被罚款、拘留的人不服罚款、拘留决定申请复议的，应当自收到决定书之日起3日内提出，复议期间不停止执行。上级人民法院应当在收到复议申请后5日内作出决定，并将复议结果通知下级人民法院和当事人。上级人民法院复议时认为强制措施不当的，应当制作决定书，撤销或者变更下级人民法院作出的拘留、罚款决定。情况紧急的，可以在口头通知后3日内发出决定书。

需要注意的是，采取对妨害民事诉讼的强制措施必须由人民法院决定。任何单位和个人采取非法拘禁他人或者非法私自扣押他人财产追索债务的，应当依法追究刑事责任，或者予以拘留、罚款。

三、期间与送达

（一）期间

1. 期间的种类

期间可以分为法定期间与指定期间。法定期间是指由法律明文规定的期间，根据是否可因特殊事由改变可再分为绝对不可变期间与相对不可变期间。其中，绝对不可变期间是指由法律明确规定，任何机构和人员都不得变更的期间，如上诉期间、第三人提出撤销权之诉的期间、申请再审的期间等。相对不可变期间是指经法律确定后，一般不得改变，但遇到特殊事由，可以依法变更的期间，如一审审限、涉外案件中在中国境内没有住所的当事人的答辩与上诉期间。

指定期间是指法院根据审理案件的需要，依职权指定当事人及其他诉讼参与人进行诉讼行为的期间，通常情况下不应变更，但遇到特殊情况，人民法院可以依职权变更。

2. 期间的计算

期间以时、日、月、年计算。期间开始的时和日，不计算在期间内，以时起算的期间从次时起算；以日、月、年计算的期间从次日起算。期间届满的最后一日是节假日的，以节假日后的第一日为期间届满的日期。期间不包括在途时间，诉讼文书在期满前交邮的，不算过期。

3. 期间的耽误与顺延

当事人因不可抗拒的事由或者其他正当理由耽误期限的，在障碍消除后的10日内，可以申请顺延期限，是否准许，由人民法院决定。

（二）送达

1. 直接送达

送达诉讼文书，应当直接送交受送达人。受送达人是公民的，本人不在交他的同住成年家属签收；受送达人是法人或者其他组织的，应当由法人的法定代表人、其他组织的主要负责人或者该法人、组织负责收件的人签收；受送达人有诉讼代理人的，可以送交其代理人签收；受送达人已向人民法院指定代收人的，送交代收人签收。受送达人的同住成年家属，法人或者其他组织的负责收件的人，诉讼代理人或者代收人在送达回证上签收的日期为送达日期。

人民法院直接送达文书可以在当事人的住所以及住所外的其他地方，也可以通知当事人到人民法院领取。

需要注意的是，离婚诉讼中不能将诉讼文书交由在身份上既是与受送达人同住的成年家属，又是另一方当事人的人签收。

2. 留置送达

受送达人或者他的同住成年家属拒绝接收诉讼文书的，送达人可以邀请有关基层组织或者所在单位的代表到场，说明情况，在送达回证上记明拒收事由和日期，由送达人、见证人签名或者盖章，把诉讼文书留在受送达人的住所；也可以把诉讼文书留在受送达人的住所，并采用拍照、录像等方式记录送达过程，即视为送达。前述有关基层组织和所在单位代表可以是受送达人住所地的居民委员会、村民委员会的工作人员以及受送达人所在单位的工作人员。向法人或者其他组织送达诉讼文书，该法人的法定代表人、该组织的主要负责人或者办公室、收发室、值班室等负责收件的人拒绝签收或者盖章的，适用前述规定。

人民法院直接送达诉讼文书的，可以通知当事人到人民法院领取。当事人到达人民法院，拒绝签署送达回证的，视为送达。审判人员、书记员应当在送达回证上注明送达情况并签名。

人民法院可以在当事人住所地以外向当事人直接送达诉讼文书。当事人拒绝签署送达回证的，采用拍照、录像等方式记录送达过程即视为送达。审判人员、书记员应当在送达回证上注明送达情况并签名。

受送达人有诉讼代理人的，人民法院既可以向受送达人送达，也可以向其诉讼代理人送达。受送达人指定诉讼代理人为代收人的，向诉讼代理人送达时，适用留置送达。

应当注意的是，调解书不能留置送达，当事人不签收的，调解书不生效，人民法院应当及时判决。

3. 电子送达

经受送达人同意，人民法院可以采用传真、电子邮件等能够确认其收悉的方式送达诉讼文书，但判决书、裁定书、调解书除外。传真、电子邮件等到达受送达人特定系统的日期为送达日期，该日期为人民法院对应系统显示发送成功的日期，但受送达人证明到达其特定系统的日期与人民法院对应系统显示发送成功的日期不一致的，以受送达人证明到达其特定系统的日期为准。

受送达人同意采用电子方式送达的，应当在送达地址确认书中予以确认。

4. 委托送达

直接送达诉讼文书有困难的，可以委托其他人民法院代为送达。委托法院应当出具委托函，并附需要送达的诉讼文书和送达回证，以受送达人在送达回证上签收的日期为送达日期。受委托人民法院应当自收到委托函及相关诉讼文书之日起 10 日内代为送达。

5. 转交送达

受送达人是军人的，通过其所在部队团以上单位的政治机关转交。受送达人被监禁的，通过其所在监所转交。受送达人被采取强制性教育措施的，通过其所在强制性教育机构转交。

代为转交的机关、单位收到诉讼文书后，必须立即交受送达人签收，以在送达回证上的签收日期，为送达日期。

6. 邮寄送达

直接送达诉讼文书有困难的，人民法院可以通过邮寄方式送达。邮寄送达的，以回执上注明的收件日期为送达日期。

7. 公告送达

受送达人下落不明或者以其他方式均无法送达的，将诉讼文书主要内容予以公告，既可以在法院的公告栏和受送达人住所地张贴公告，也可以在报纸、信息网络等媒体上刊登公告，发出公告日期以最后张贴或者刊登的日期为准。对公告送达方式有特殊要求的，应当按要求的方式进行。人民法院在受送达人住所地张贴公告的，应当采取拍照、录像等方式记录张贴过程。国内诉讼公告之日经过 60 日，涉外诉讼公告之日经过 3 个月，即视为送达，并应当在案卷中记明原因和经过。

公告送达应当说明公告送达的原因；公告送达起诉状或者上诉状副本的，应当说明起诉或者上诉要点，受送达人答辩期限及逾期不答辩的法律后果；公告送达传票，应当说明出庭的时间和地点及逾期不出庭的法律后果；公告送达判决书、裁定书的，应当说明裁判主要内容，当事人有权上诉的，还应当说明上诉权利、上诉期限和上诉的人民法院。

应当注意的是，支付令不能公告送达，此外，适用简易程序的案件也不能公告送达。

当事人在提起上诉、申请再审、申请执行时如需要变更送达地址，应当以书面形式向人民法院提出申请。当事人未书面变更送达地址的，其在第一审程序中确认的送达地址可以作为第二审程序、审判监督程序、执行程序的送达地址。

四、诉讼费用

（一）诉讼费用交纳范围

依据法律规定，当事人向人民法院交纳的诉讼费用包括：（1）案件受理费；（2）申请费；（3）证人、鉴定人、翻译人员、理算人员在人民法院指定日期出庭发生的交通费、住宿费、生活费和误工补贴。出于便捷考虑，本文同时在此叙述当事人负担的诉讼实际支出的费用。

1. 案件受理费

案件受理费，是指人民法院受理案件后，依照规定向当事人收取的费用，包括第一审案件受理费、第二审案件受理费以及再审案件受理费。

下列案件不交纳案件受理费：（1）依照民事诉讼法规定的特别程序审理的案件；（2）裁定不予受理、驳回起诉、驳回上诉的案件；（3）对不予受理、驳回起诉和管辖权异议裁定不服，提起上诉的案件；（4）根据民事诉讼法规定的审判监督程序审理的案件，但下列情形除外：A. 当事人有新的证据，足以推翻原判决、裁定，向人民法院申请再审，人民法院经审查决定再审的案件；B. 当事人对人民法院第一审判决或者裁定未提出上诉，第一审判决、裁定或者调解书发生法律效力后又申请再审，人民法院经审查决定再审的案件。

2. 申请费

当事人依法向人民法院申请下列事项，应当交纳申请费：（1）申请执行人民法院发生法律效力的判决、裁定、调解书，仲裁机构依法作出的裁决和调解书，公证机构依法赋予强制执行效力的债权文书；（2）申请保全措施；（3）申请支付令；（4）申请公示催告；（5）申请撤销仲裁裁决或者认定仲裁协议效力；（6）申请破产；（7）申请海事强制令、共同海损理算、设立海事赔偿责任限制基金、海事债权登记、船舶优先权催告；（8）申请承认和执行外国法院判决、裁定和国外仲裁机构裁决。

3. 证人等出庭发生的费用

证人、鉴定人、翻译人员、理算人员在人民法院指定日期出庭发生的交通费、住宿费、生活费和误工补贴，由人民法院按照国家规定标准代为收取。当事人复制案件卷宗材料和法律文书应当按实际成本向人民法院交纳工本费。

4. 当事人负担的诉讼实际支出费用

诉讼过程中因鉴定、公告、勘验、翻译、评估、拍卖、变卖、仓储、保管、运输、船舶监管等发生的依法应当由当事人负担的费用，人民法院根据谁主张、谁负担的原则，决定由当事人直接支付有关机构或者单位，人民法院不得代收代付。人民法院依照民事诉讼法规定提供当地民族通用语言、文字翻译的，不收取费用。

（二）诉讼费用交纳标准

1. 案件受理费

（1）财产案件的受理费。财产案件根据诉讼请求的金额或者价额，按照下列比例分段累计交纳：

A. 不超过人民币 1 万元的，每件交纳 50 元；

B. 超过人民币 1 万元至 10 万元的部分，按照 2.5% 交纳；

C. 超过人民币 10 万元至 20 万元的部分，按照 2% 交纳；

D. 超过人民币 20 万元至 50 万元的部分，按照 1.5% 交纳；

E. 超过人民币 50 万元至 100 万元的部分，按照 1% 交纳；

F. 超过人民币 100 万元至 200 万元的部分，按照 0.9% 交纳；

G. 超过人民币 200 万元至 500 万元的部分，按照 0.8% 交纳；

H. 超过人民币 500 万元至 1000 万元的部分，按照 0.7% 交纳；

I. 超过人民币 1000 万元至 2000 万元的部分，按照 0.6% 交纳；

J. 超过人民币 2000 万元的部分，按照 0.5% 交纳。

（2）非财产案件的受理费。非财产案件按照下列标准交纳：

A. 离婚案件每件交纳人民币 50 元至 300 元。涉及财产分割，财产总额不超过人民币 20 万元的，不另行交纳；超过人民币 20 万元的部分，按照 0. 5% 交纳。

B. 侵害姓名权、名称权、肖像权、名誉权、荣誉权以及其他人格权的案件，每件交纳人民币 100 元至 500 元。涉及损害赔偿，赔偿金额不超过人民币 5 万元的，不另行交纳；超过人民币 5 万元至 10 万元的部分，按照 1% 交纳；超过人民币 10 万元的部分，按照 0. 5% 交纳。

C. 其他非财产案件每件交纳人民币 50 元至 100 元。

（3）知识产权民事案件受理费。知识产权民事案件，没有争议金额或者价额的，每件交纳人民币 500 元至 1000 元；有争议金额或者价额的，按照财产案件的标准交纳。

（4）劳动争议案件受理费。劳动争议案件每件交纳人民币 10 元。

（5）管辖权异议案件受理费。当事人提出案件管辖权异议，异议不成立的，每件交纳人民币 50 元至 100 元。

上述案件收费有幅度规定的，由各高级人民法院商同级人民政府结合本地实际情况在规定的幅度内制定具体交纳标准。

在上述规定基础上，下列案件减半交纳案件受理费：以调解方式结案或者当事人申请撤诉的案件；适用简易程序审理的案件；被告提起反诉、有独立请求权的第三人提出与本案有关的诉讼请求，人民法院决定合并审理的案件。

对财产案件提起上诉的，按照不服一审判决部分的上诉请求数额交纳案件受理费。按照规定需要交纳案件受理费的再审案件，按照不服原判决部分的再审请求数额交纳案件受理费。

2. 申请费

依照法律规定，申请费分别按照下列标准交纳：

（1）依法向人民法院申请执行人民法院发生法律效力的判决、裁定、调解书，仲裁机构依法作出的裁决和调解书，公证机关依法赋予强制执行效力的债权文书，申请承认和执行外国法院判决、裁定以及国外仲裁机构裁决的，按照下列标准交纳：

A. 没有执行金额或者价额的，每件交纳人民币 50 元至 500 元。

B. 执行金额或者价额不超过 1 万元的，每件交纳人民币 50 元；超过人民币 1 万元至 50 万元的部分，按照 1. 5% 交纳；超过人民币 50 万元至

500 万元的部分，按照 1% 交纳；超过人民币 500 万元至 1000 万元的部分，按照 0. 5% 交纳；超过人民币 1000 万元的部分，按照 0. 1% 交纳。

C. 符合民事诉讼法规定的当事人人数众多的代表人诉讼，未参加登记的权利人向人民法院提起诉讼的，按照上述标准交纳申请费，不再交纳案件受理费。

（2）申请保全措施的，根据实际保全的财产数额按照下列标准交纳：财产数额不超过人民币 1000 元或者不涉及财产数额的，每件交纳人民币 30 元；超过人民币 1000 元至 10 万元的部分，按照 1% 交纳；超过人民币 10 万元的部分，按照 0. 5% 交纳。但是，当事人申请保全措施交纳的费用最多不超过人民币 5000 元。

（3）依法申请支付令的，比照财产案件受理费标准的 1/3 交纳。

（4）依法申请公示催告的，每件交纳人民币 100 元。

（5）申请撤销仲裁裁决或者认定仲裁协议效力的，每件交纳人民币 400 元。

（6）破产案件依据破产财产总额计算，按照财产案件受理费标准减半交纳，但是，最高不超过人民币 30 万元。

（7）海事案件的申请费按照下列标准交纳：

A. 申请设立海事赔偿责任限制基金的，每件交纳人民币 1000 元至 1 万元；

B. 申请海事强制令的，每件交纳人民币 1000 元至 5000 元；

C. 申请船舶优先权催告的，每件交纳人民币 1000 元至 5000 元；

D. 申请海事债权登记的，每件交纳人民币 1000 元；

E. 申请共同海损理算的，每件交纳人民币 1000 元。

（三）诉讼费用的交纳和退还

1. 诉讼费用的预交

案件受理费由原告、有独立请求权的第三人、上诉人预交。被告提起反诉，依照法律规定需要交纳案件受理费的，由被告预交。追索劳动报酬的案件可以不预交案件受理费。

人数不确定的代表人诉讼案件不预交案件受理费，结案后按照诉讼标的额由败诉方交纳。

支付令失效后转入诉讼程序的，债权人应当依法补交案件受理费。支付令被撤销后，债权人另行起诉的，依法交纳诉讼费用。

适用简易程序审理的案件转为普通程序的，原告自接到人民法院交纳诉讼费用通知之日起7日内补交案件受理费。原告无正当理由未按期足额补交的，按撤诉处理，已经收取的诉讼费用退还一半。

破产程序中有关债务人的民事诉讼案件，按照财产案件标准交纳诉讼费，但劳动争议案件除外。

既有财产性诉讼请求，又有非财产性诉讼请求的，按照财产性诉讼请求的标准交纳诉讼费。有多个财产性诉讼请求的，合并计算交纳诉讼费；诉讼请求中有多个非财产性诉讼请求的，按一件交纳诉讼费。

原告、被告、第三人分别上诉的，按照上诉请求分别预交二审案件受理费。同一方多人共同上诉的，只预交一份二审案件受理费；分别上诉的，按照上诉请求分别预交二审案件受理费。

申请费由申请人预交，但执行案件和破产案件除外。执行申请费执行后交纳，由人民法院在执行生效法律文书确定的内容之外直接向被执行人收取；破产申请费清算后交纳，由人民法院在破产清算后，从破产财产中优先拨付。

证人、鉴定人、翻译人员、理算人员在人民法院指定日期出庭发生的交通费、住宿费、生活费和误工补贴，当事人复制案件卷宗材料和法律文书的费用，待实际发生后交纳。

人民法院决定减半收取案件受理费的，只能减半一次。

2. 诉讼请求数额的确定及变更情况下案件受理费的处理

依据司法解释规定，诉讼标的物是证券的，按照证券交易规则并根据当事人起诉之日前最后一个交易日的收盘价、当日的市场价或者其载明的金额计算诉讼标的金额。诉讼标的物是房屋、土地、林木、车辆、船舶、文物等特定物或者知识产权，起诉时价值难以确定的，人民法院应当向原告释明主张过高或者过低的诉讼风险，以原告主张的价值确定诉讼标的金额。

当事人在诉讼中变更诉讼请求数额，案件受理费依照下列规定处理：（1）当事人增加诉讼请求数额的，按照增加后的诉讼请求数额计算补交；（2）当事人在法庭调查终结前提出减少诉讼请求数额的，按照减少后的诉讼请求数额计算退还。

3. 交纳诉讼费用的期限及未按期交纳诉讼费用的法律后果

原告自接到人民法院交纳诉讼费用通知次日起7日内交纳案件受理费；反诉案件由提起反诉的当事人自提起反诉次日起7日内交纳案件受理费。

上诉案件的案件受理费由上诉人向人民法院提交上诉状时预交。双方当事人都提起上诉的，分别预交。上诉人在上诉期内未预交诉讼费用的，人民法院应当通知其在7日内预交。

申请费由申请人在提出申请时或者在人民法院指定的期限内预交。

当事人逾期不交纳诉讼费用又未提出司法救助申请，或者申请司法救助未获批准，在人民法院指定期限内仍未交纳诉讼费用，原告起诉的，按照撤诉处理；被告提出反诉的，按照撤回反诉处理；上诉案件，按照撤回上诉处理；申请案件，按照撤回申请处理。

4. 诉讼费用的移交和退还

依照法律规定移送管辖、管辖权转移的案件，原受理人民法院应当将当事人预交的诉讼费用随案移交接收案件的人民法院。

中止诉讼、中止执行的案件，已交纳的案件受理费、申请费不予退还。中止诉讼、中止执行的原因消除，恢复诉讼、执行的，不再交纳案件受理费、申请费。

第二审人民法院决定将案件发回重审的，应当退还上诉人已交纳的第二审案件受理费。

第一审人民法院裁定不予受理或者驳回起诉的，应当退还当事人已交纳的案件受理费；当事人对第一审人民法院不予受理、驳回起诉的裁定提起上诉，第二审人民法院维持第一审人民法院作出的裁定的，第一审人民法院应当退还当事人已交纳的案件受理费。

依照民事诉讼法规定终结诉讼的案件，已交纳的案件受理费不予退还。

（四）诉讼费用的负担

1. 败诉人负担。依照法律规定，诉讼费用原则上由败诉方负担，胜诉方自愿承担的除外。败诉方负担是诉讼费用负担的原则。

部分胜诉、部分败诉的，人民法院根据案件的具体情况决定当事人各自负担的诉讼费用数额。

共同诉讼当事人败诉的，人民法院根据其对诉讼标的的利害关系，决定当事人各自负担的诉讼费用数额。

承担连带责任的当事人败诉的，应当共同负担诉讼费用。

第二审法院驳回上诉的案件，上诉的案件受理费由上诉人负担，双方都提出上诉的，由双方分担。

依照法律规定应当交纳案件受理费的再审案件，诉讼费用由申请再审的当事人负担；双方当事人都申请再审的，诉讼费用由败诉方负担。原审诉讼费用的负担由人民法院根据诉讼费用负担原则重新确定。

债务人对督促程序未提出异议的，申请费由债务人负担。

申请执行人民法院发生法律效力的判决、裁定、调解书，仲裁机构依法作出的裁决和调解书，公证机构依法赋予强制执行效力的债权文书，申请承认和执行外国法院判决、裁定和国外仲裁机构裁决的申请费，由被执行人负担。

申请撤销仲裁裁决或者认定仲裁协议效力的申请费，由败诉方承担。

2. 原告（包括反诉原告）和上诉人负担

民事案件的原告或者上诉人申请撤诉，人民法院裁定准许的，案件受理费由原告或者上诉人负担。

当事人在法庭调查终结后提出减少诉讼请求数额的，减少请求数额部分的案件受理费由变更诉讼请求的当事人负担。

3. 申请人负担

债务人对督促程序提出异议致使督促程序终结的，申请费由申请人负担；申请人另行起诉的，可以将申请费列入诉讼请求。

公示催告的申请费由申请人负担。

申请保全措施的申请费由申请人负担。申请人提起诉讼的，可以将该申请费列入诉讼请求。

诉前申请海事请求保全、海事强制令的，申请费由申请人负担；申请人就有关海事请求提起诉讼的，可将上述费用列入诉讼请求。

诉前申请海事证据保全的，申请费由申请人负担。

诉讼中拍卖、变卖被扣押船舶、船载货物、船用燃油、船用物料发生的合理费用，由申请人预付，从拍卖、变卖价款中先行扣除，退还申请人。

申请设立海事赔偿责任限制基金、申请债权登记与受偿、申请船舶优先权催告案件的申请费，由申请人负担。

设立海事赔偿责任限制基金、船舶优先权催告程序中的公告费用由申请人负担。

依照特别程序审理案件的公告费，由起诉人或者申请人负担。

实现担保物权案件，人民法院裁定拍卖、变卖担保财产的，申请费由债务人、担保人负担；人民法院裁定驳回申请的，申请费由申请人负担。申请人另行起诉的，其已经交纳的申请费可以从案件受理费中扣除。拍卖、变卖担保财产的裁定作出后，人民法院强制执行的，按照执行金额收取执行申请费。

4. 当事人协商负担或者法院决定负担

经人民法院调解达成协议的案件，诉讼费用的负担由双方当事人协商解决；协商不成的，由人民法院决定。

离婚案件诉讼费用的负担由双方当事人协商解决；协商不成的，由人民法院决定。

执行中当事人达成和解协议的，申请费的负担由双方当事人协商解决；协商不成的，由人民法院决定。

第二审人民法院改变第一审人民法院作出的判决、裁定的，应当相应变更第一审人民法院对诉讼费用负担的决定。

5. 自行负担

当事人因自身原因未能在举证期限内举证，在二审或者再审期间提出新的证据致使诉讼费用增加的，增加的诉讼费用由该当事人负担。

按照上述规定应当负担诉讼费用的人拒绝交纳诉讼费用的，人民法院可以强制执行。

（五）诉讼费用的复核

当事人不得单独对人民法院关于诉讼费用的决定提起上诉。当事人单独对人民法院关于诉讼费用的决定有异议的，可以向作出决定的人民法院院长申请复核。复核决定应当自收到当事人申请之日起 15 日内作出。当事人对人民法院决定诉讼费用的计算有异议的，可以向作出决定的人民法院请求复核。计算确有错误的，作出决定的人民法院应当予以更正。

（六）诉讼费用的缓交、减交、免交

自然人当事人交纳诉讼费用确有困难的，可以依法向人民法院申请缓交、减交或者免交诉讼费用的司法救助。依照法律规定，诉讼费用的缓交、减交、免交需要符合以下条件：

1. 诉讼费用的免交

当事人申请司法救助，符合下列情形之一的，人民法院应当准予免交诉讼费用：（1）残疾人无固定生活来源的；（2）追索赡养费、扶养费、抚育费、抚恤金的；（3）最低生活保障对象、农村特困定期救济对象、农村五保供养对象或者领取失业保险金人员，无其他收入的；（4）因见义勇为或者为保护社会公共利益致使自身合法权益受到损害，本人或者其近亲属请求赔偿或者补偿的；（5）确实需要免交的其他情形。

2. 诉讼费用的减交

当事人申请司法救助，符合下列情形之一的，人民法院应当准予减交诉讼费用：（1）因自然灾害等不可抗力造成生活困难，正在接受社会救济，或者家庭生产经营难以为继的；（2）属于国家规定的优抚、安置对象的；（3）社会福利机构和救助管理站；（4）确实需要减交的其他情形。

人民法院准予减交诉讼费用的，减交比例不得低于30%。

3. 诉讼费用的缓交

当事人申请司法救助，符合下列情形之一的，人民法院应当准予缓交诉讼费用：（1）追索社会保险金、经济补偿金的；（2）海上事故、交通事故、医疗事故、工伤事故、产品质量事故或者其他人身伤害事故的受害人请求赔偿的；（3）正在接受有关部门法律援助的；（4）确实需要缓交的其他情形。

【风险提示】

实践中，多有当事人拒不履行人民法院已经发生法律效力的判决、裁定的情况发生。需要说明的是，当下中国已经就该情况确立了比较完备的法律规则予以规制，拒不执行人将就此承担相应的民事责任、司法强制措施，乃至刑事责任。为此，有关当事人应当积极履行人民法院已经发生效力的裁判，避免因此遭受更大的损失。

【相关案例】

赵某某与孙某某诉前保全一案裁定书案

申请人赵某某与被申请人张某某系东西院邻居，2017 年 4 月 5 日 12

时30分左右，被申请人家仓房电线短路引燃周围可燃物发生火灾，火灾蔓延至申请人家，造成申请人家财产损失。经当地公安消防大队作出火灾事故认定书，认定起火原因为被申请人家电路短路，后经双方协商未果。故申请人向黑龙江省宾县人民法院提出申请，要求查封被申请人名下3间房屋，并已提供担保。

法院经审理认为，申请人的申请符合法律规定。按照民事诉讼法的有关规定，裁定立即查封被申请人名下的3间房屋与担保人提供担保的房屋。查封期间上述房屋分别由被申请人与担保人居住使用，但不得出售、抵押和出租等，否则由相关单位和人员承担法律责任。此外，申请人应当在法院采取保全措施后之日起30日内向本院起诉，逾期不起诉的，本院将解除财产保全。

【法条指引】

中华人民共和国民事诉讼法（节录）

第一百条 人民法院对于可能因当事人一方的行为或者其他原因，使判决难以执行或者造成当事人其他损害的案件，根据对方当事人的申请，可以裁定对其财产进行保全、责令其作出一定行为或者禁止其作出一定行为；当事人没有提出申请的，人民法院在必要时也可以裁定采取保全措施。

人民法院采取保全措施，可以责令申请人提供担保，申请人不提供担保的，裁定驳回申请。

人民法院接受申请后，对情况紧急的，必须在四十八小时内作出裁定；裁定采取保全措施的，应当立即开始执行。

第一百零一条 利害关系人因情况紧急，不立即申请保全将会使其合法权益受到难以弥补的损害的，可以在提起诉讼或者申请仲裁前向被保全财产所在地、被申请人住所地或者对案件有管辖权的人民法院申请采取保全措施。申请人应当提供担保，不提供担保的，裁定驳回申请。

人民法院接受申请后，必须在四十八小时内作出裁定；裁定采取保全措施的，应当立即开始执行。

申请人在人民法院采取保全措施后三十日内不依法提起诉讼或者申请

仲裁的，人民法院应当解除保全。

第一百零六条 人民法院对下列案件，根据当事人的申请，可以裁定先予执行：

（一）追索赡养费、扶养费、抚育费、抚恤金、医疗费用的；

（二）追索劳动报酬的；

（三）因情况紧急需要先予执行的。

第一百一十七条 采取对妨害民事诉讼的强制措施必须由人民法院决定。任何单位和个人采取非法拘禁他人或者非法私自扣押他人财产追索债务的，应当依法追究刑事责任，或者予以拘留、罚款。

第十节 第一审普通程序

【规则要点】

第一审普通程序，是指除法律另有规定外，人民法院审理和裁判第一审民事案件通常适用的程序。本节主要述及第一审普通程序的运转流程及有关事项，包括起诉与受理、审前准备、审理过程等内容。

【理解与适用】

一、起诉与受理

（一）起诉

1. 起诉条件

依据民事诉讼法及相关司法解释的规定，起诉必须具备以下条件：

（1）原告是与本案有直接利害关系的公民、法人和其他组织，包括原告自己所享有的民事权益受到他人侵犯或者与他人发生争议与原告依法管理、支配的民事权益受到他人侵犯或者与他人发生争议这两种情况。

（2）有明确的被告。依据司法解释规定，原告提供被告的姓名或者名称、住所等信息具体明确，足以使被告与他人相区别的，可以认定为有明确的被告。

（3）有具体的诉讼请求和事实、理由。

（4）属于人民法院受理民事诉讼的范围和受诉人民法院管辖。

2. 起诉方式

起诉应当向人民法院递交起诉状，并按照被告人数提出副本。书写起诉状确有困难的，可以口头起诉，由人民法院记入笔录，并告知对方当事人。依照法律规定，起诉状应当记明下列事项：

（1）原告的姓名、性别、年龄、民族、职业、工作单位、住所、联系方式，法人或者其他组织的名称、住所和法定代表人或者主要负责人的姓名、职务、联系方式；

（2）被告的姓名、性别、工作单位、住所等信息，法人或者其他组织的名称、住所等信息；

（3）诉讼请求和所根据的事实与理由；

（4）证据和证据来源，证人姓名和住所；

（5）受诉法院的名称、起诉的时间、起诉人签名或盖章。

（二）受理

人民法院接到当事人提交的民事起诉状，对符合起诉条件的，应当在7日内立案，并通知当事人；不符合起诉条件的，应当在7日内作出裁定书，不予受理；原告对裁定不服的，可以提起上诉。

对当场不能判定是否符合起诉条件的，应当接收起诉材料，并出具注明收到日期的书面凭证。

需要补充必要相关材料的，人民法院应当及时告知当事人。在补齐相关材料后，应当在7日内决定是否立案。

立案后发现不符合起诉条件，裁定驳回起诉，原告不服该裁定的，可以提起上诉。

裁定不予受理、驳回起诉的案件，原告再次起诉，符合起诉条件且不具有审查起诉时特殊处理中的消极情形的，人民法院应予受理。

（三）审查起诉时的特殊处理

依据民事诉讼法及相关司法解释的规定，人民法院对下列起诉，分别情形，予以处理：

1. 依照行政诉讼法的规定，属于行政诉讼受案范围的，告知原告提起行政诉讼。

2. 依照法律规定，双方当事人达成书面仲裁协议申请仲裁、不得向人民法院起诉的，告知原告向仲裁机构申请仲裁。其坚持起诉的，裁定不予受理，但仲裁条款或者仲裁协议不成立、无效、失效或者内容不明确无法执行的除外。

3. 依照法律规定，应当由其他机关处理的争议，告知原告向有关机关申请解决。

4. 对不属于本院管辖的案件，告知原告向有管辖权的人民法院起诉；原告坚持起诉的，裁定不予受理；立案后发现本院没有管辖权的，应当将案件移送有管辖权的人民法院。

5. 当事人就已经提起诉讼的事项在诉讼过程中或者裁判生效后再次起诉，同时符合下列条件的，构成重复起诉：（1）后诉与前诉的当事人相同；（2）后诉与前诉的诉讼标的相同；（3）后诉与前诉的诉讼请求相同，或者后诉的诉讼请求实质上否定前诉裁判结果。当事人重复起诉的，裁定不予受理；已经受理的，裁定驳回起诉，但法律、司法解释另有规定的除外。

6. 对判决、裁定、调解书已经发生法律效力的案件，当事人又起诉的，告知原告申请再审，但人民法院准许撤诉的裁定除外，原告撤诉或者人民法院按撤诉处理后，原告以同一诉讼请求再次起诉的，人民法院应予受理。

7. 依照法律规定，在一定期限内不得起诉的案件，在不得起诉的期限内起诉的，不予受理。

8. 判决不准离婚和调解和好的离婚案件，判决、调解维持收养关系的案件，没有新情况、新理由，原告在6个月内又起诉的，不予受理。原告撤诉或者按撤诉处理的离婚案件，没有新情况、新理由，6个月内又起诉的，不予受理，但是被告起诉不受此限制。

9. 夫妻一方下落不明，另一方诉至人民法院，只要求离婚，不申请宣告下落不明人失踪或者死亡的案件，人民法院应当受理，对下落不明人公告送达诉讼文书。

10. 当事人超过诉讼时效期间起诉的，人民法院应予受理。受理后对方当事人提出诉讼时效抗辩，人民法院经审理认为抗辩事由成立的，判决驳回原告的诉讼请求。

11. 赡养费、扶养费、抚育费案件，裁判发生法律效力后，因新情况、新理由，一方当事人再行起诉要求增加或者减少费用的，人民法院应作为新案受理。

二、审理前的准备

（一）诉讼文书的送达与答辩状的提出

人民法院应当在立案之日起5日内将起诉状副本送达被告，被告应当在收到之日起15日内提出答辩状。答辩状须记明被告的姓名、性别、年龄、民族、职业、工作单位、住所、联系方式；法人或者其他组织的名称、住所和法定代表人或者主要负责人的姓名、职务、联系方式。人民法院须在收到答辩状之日起5日内将答辩状副本发送原告。被告不提出答辩状的，人民法院照常审理。

（二）诉讼权利义务及审判人员的告知

人民法院对决定受理的案件，应当在受理案件通知书和应诉通知书中向当事人告知有关的诉讼权利义务，也可以口头告知。

合议庭组成人员确定后，应当在3日内告知当事人。

（三）处理主管与管辖权异议

在人民法院首次开庭前，被告以有书面仲裁协议为由对受理民事案件提出异议的，人民法院应当进行审查。经审查符合下列情形之一的，应当裁定驳回起诉：（1）仲裁机构或者人民法院已经确认仲裁协议有效的；（2）当事人没有在仲裁庭首次开庭前对仲裁协议的效力提出异议的；（3）仲裁协议合法有效的。

人民法院受理案件后，当事人对管辖权有异议的，须在提交答辩状期间提出。经人民法院审查后，异议成立的，裁定将案件移送有管辖权的人民法院；异议不成立的，裁定驳回。当事人未提出管辖异议，并就案件实体内容进行答辩、陈述或者反诉的，视为受诉人民法院有管辖权，但违反级别管辖和专属管辖规定的除外。当事人在提交答辩状期间提出管辖异议，又针对起诉状的内容进行答辩的，人民法院应当对管辖异议进行审查。

（四）受理后的处理

依照民事诉讼法的规定，人民法院对受理的案件，分别情形，予以处理：

1. 当事人没有争议，符合督促程序规定条件的，可以转入督促程序。

2. 开庭前可以调解的，采取调解方式及时解决纠纷，调解应当遵循自愿原则。

3. 根据案件情况，确定适用简易程序或者普通程序。

4. 需要开庭审理的，人民法院可以在答辩期届满后，通过组织证据交换、召集庭前会议等方式，做好审理前的准备。根据案件具体情况，庭前会议可以包括下列内容：

（1）明确原告的诉讼请求和被告的答辩意见；

（2）审查处理当事人增加、变更诉讼请求的申请和提出的反诉，以及第三人提出的与本案有关的诉讼请求；

（3）根据当事人的申请决定调查收集证据，委托鉴定，要求当事人提供证据，进行勘验，进行证据保全；

（4）组织交换证据；

（5）归纳争议焦点；

（6）人民法院应当根据当事人的诉讼请求、答辩意见以及证据交换的情况，归纳争议焦点，并就归纳的争议焦点征求当事人的意见。

此外，在审理前的准备阶段还存在必要共同诉讼人的追加、诉讼材料的审核、举证期限的确定、必要时调取证据以及就专门问题进行处理等内容。

三、开庭审理

（一）开庭审理的形式

人民法院开庭审理应当采取法庭审理的方式，而不能任意在法庭之外的场所进行案件审理。

人民法院开庭审理案件应当公开审理，但涉及国家秘密、个人隐私或者法律另有规定的除外。对于离婚案件、涉及商业秘密的案件，当事人申请不公开审理的，可以不公开审理。

（二）开庭审理的内容

法庭审理应当围绕当事人争议的事实、证据和法律适用等焦点问题进行。而随着审理前准备程序的逐渐完善，当事人争议的事实、证据和法律适用等焦点问题往往通过庭前准备就已清晰明了，使庭审活动的针对性得以提高。但现实中仍存在当事人在庭审中否认其在庭前准备阶段认可的内容的情况。对此，民事诉讼法规定：当事人在庭审中对其在审理前的准备阶段认可的事实和证据提出不同意见的，人民法院应当责令其说明理由。必要时，可以责令其提供相应证据。人民法院须结合当事人的诉讼能力、证据和案件的具体情况进行审查。理由成立的，可以列入争议焦点进行审理。

（三）开庭审理的程序

依据民事诉讼法的规定，开庭审理的基本程序可以按顺序分为开庭准备、法庭调查、法庭辩论、评议和宣判四个诉讼阶段。

1. 开庭准备

人民法院审理民事案件，应当在开庭3日前通过法定方式通知当事人和其他诉讼参与人，并对在外地的当事人或者其他诉讼参与人留有必要的在途时间。公开审理的，应当公告当事人姓名、案由和开庭的时间、地点。

开庭审理前，书记员应当查明当事人和其他诉讼参与人是否到庭，宣布法庭纪律。

开庭审理时，由审判长核对当事人，宣布案由，宣布审判人员、书记员名单，告知当事人有关的诉讼权利义务，询问当事人是否提出回避申请。

2. 法庭调查

法庭调查的主要任务是围绕当事人争议的事实，通过当事人对证据的质证以及审判人员审查核实证据，查明争议案件事实，为法庭辩论奠定基础。依照民事诉讼法的规定，法庭调查按照下列顺序进行：（1）当事人陈述；（2）告知证人的权利义务，证人作证，宣读未到庭的证人证言；（3）出示书证、物证、视听资料和电子数据；（4）宣读鉴定意见；（5）宣读勘验笔录。

法庭调查结束后，审判长应当就法庭调查认定的事实和当事人争议的问题进行归纳总结。

3. 法庭辩论

法庭辩论，是指在合议庭的主持下，双方当事人根据此前法庭调查已经基本查明的案件事实和证据材料，各自阐明观点、发表意见，反驳对方观点的诉讼活动。依照民事诉讼法的规定，法庭辩论应当按照下列顺序进行：(1) 原告及其诉讼代理人发言；(2) 被告及其诉讼代理人答辩；(3) 第三人及其诉讼代理人发言或者答辩；(4) 互相辩论。法庭辩论终结，由审判长按照原告、被告、第三人的先后顺序征询各方最后意见。

人民法院根据案件具体情况并征得当事人同意，可以将法庭调查和法庭辩论合并进行。

4. 评议和宣判

法庭辩论终结，对于能够调解的，还可以进行调解；调解不成的，人民法院应当依法及时判决。人民法院对公开审理或者不公开审理的案件，一律公开宣告判决。

当庭宣判的，人民法院应当在10日内发送判决书；定期宣判的，宣判后立即发给判决书。宣告判决时，必须告知当事人上诉权利、上诉期限和上诉的法院。宣告离婚判决，必须告知当事人在判决发生法律效力前不得另行结婚。

当庭宣判的案件，除当事人当庭要求邮寄发送裁判文书的外，人民法院应当告知当事人或者诉讼代理人领取裁判文书的时间和地点以及逾期不领取的法律后果。上述情况记入笔录。

（四）法庭笔录

法庭笔录，是指在开庭审理阶段，由书记员制作的全面、客观真实地反映法庭审理全部活动与过程的书面记录。法庭笔录是将来第二审人民法院审理上诉案件时的重要基础性材料。依照民事诉讼法的规定，书记员应当将法庭审理的全部活动记入笔录，由审判人员和书记员签名。法庭笔录应当当庭宣读，也可以告知当事人和其他诉讼参与人当庭或者在5日内阅读。当事人和其他诉讼参与人认为对自己的陈述记录有遗漏或者差错的，有权申请补正。如果不予补正，应当将申请记录在案。法庭笔录由当事人和其他诉讼参与人签名或者盖章。拒绝签名盖章的，记明情况附卷。

（五）审理期限

审理期限，是指从立案之日起至裁判宣告、调解书送达之日止的期间，但公告期间、鉴定期间、双方当事人和解期间、审理当事人提出的管辖异议以及处理人民法院之间的管辖争议期间不计算在内。

对于适用普通程序审理的案件，人民法院应当在立案之日起6个月内审结。有特殊情况需要延长的，由本院院长批准，可以延长6个月；还需要延长的，报请上级人民法院批准。

四、诉的合并、撤诉和缺席判决

（一）诉的合并

诉的合并，是指人民法院将两个分别提起的诉讼合并在一个程序中进行审理和裁判的诉讼制度。依据民事诉讼法的规定，原告增加诉讼请求，被告提出反诉，第三人提出与本案有关的诉讼请求，可以合并审理。

（二）撤诉

撤诉，是指法院受理案件后，判决宣告前，原告要求撤回起诉的行为。以撤诉的形式为标准，撤诉可以分为原告申请撤诉和人民法院按撤诉处理。

1. 原告申请撤诉

在案件受理后、宣判前，原告可以向人民法院申请撤诉，是否准许，由人民法院裁定。法庭辩论终结后原告申请撤诉被告不同意的，人民法院可以不予准许。

2. 人民法院按撤诉处理

依据民事诉讼法及相关司法解释的规定，对于出现下列情形时，人民法院应当按撤诉处理：

（1）原告应当预交而未预交案件受理费，人民法院应当通知其预交，通知后仍不预交或者申请减、缓、免未获批准而仍不预交的，裁定按撤诉处理。

（2）原告经传票传唤，无正当理由拒不到庭或者未经法庭许可中途退庭，可以按撤诉处理。

（3）有独立请求权的第三人经人民法院传票传唤，无正当理由拒不到庭或者未经法庭许可中途退庭的。有独立请求权的第三人参加诉讼后，原告申请撤诉，人民法院在准许原告撤诉后，有独立请求权的第三人作为另案原告，原案原告、被告作为另案被告，诉讼继续进行。

(4) 无民事行为能力的当事人的法定代理人，经传票传唤无正当理由拒不到庭，属于原告方的，按撤诉处理。

当事人申请撤诉或者依法可以按撤诉处理的案件，如果当事人有违反法律的行为需要依法处理的，人民法院可以不准许撤诉或者不按撤诉处理。

经撤诉后，诉讼程序即告结束，当事人可以针对同一诉讼请求再次提起诉讼。

(三) 缺席判决

缺席判决，是指人民法院仅在一方当事人参与案件审理过程后，对争议案件作出判决的情形。依据民事诉讼法及相关司法解释的规定，下列情形出现时，人民法院可以依法作出缺席判决：

1. 原告经传票传唤，无正当理由拒不到庭或者未经法庭许可中途退庭，被告反诉的，可以对反诉缺席判决。需要注意的是，对于本诉内容，法院只能决定是否按撤诉处理，而不能缺席判决。

2. 被告经传票传唤无正当理由拒不到庭，或者未经法庭许可中途退庭的，人民法院应当按期开庭或者继续开庭审理，对到庭的当事人诉讼请求、双方的诉辩理由以及已经提交的证据及其他诉讼材料进行审理后，可以依法缺席判决。

3. 无民事行为能力的当事人的法定代理人，经传票传唤无正当理由拒不到庭，属于被告方的，缺席判决。必要时，人民法院可以拘传其到庭。

4. 无独立请求权的第三人经人民法院传票传唤，无正当理由拒不到庭或者未经法庭许可中途退庭的，不影响案件的审理，人民法院应当缺席判决。

5. 人民法院裁定不准许撤诉的，原告经传票传唤，无正当理由拒不到庭的，可以缺席判决。

五、诉讼文书的公开

我国实施诉讼文书公开制度，公众可以查阅发生法律效力的判决书、裁定书，但涉及国家秘密、商业秘密和个人隐私的内容除外。

【相关案例】

案例 1

天津农村商业银行股份有限公司武清东蒲洼支行与天津市武清区东蒲洼街大南宫村民委员会借款合同纠纷上诉案

上诉人天津农村商业银行股份有限公司武清东蒲洼支行（简称“农商行武清东蒲洼支行”）因与被上诉人天津市武清区东蒲洼街大南宫村民委员会（简称“东蒲洼街大南宫村委会”）借款合同纠纷一案，不服天津市武清区人民法院民事裁定，向天津市第一中级人民法院提起上诉。

法院经审理认为，东蒲洼街大南宫村委会的主体资格在农商行武清东蒲洼支行起诉之前便早已终止。上诉人农商行武清东蒲洼支行经一审法院释明后，仍坚持以东蒲洼街大南宫村委会为被告起诉，缺乏法律依据。一审法院据此驳回了上诉人在一审中的起诉，适用法律正确，法院应予维持。上诉人的上诉理由缺乏法律依据，法院无法支持。综上所述，依法裁定如下：驳回上诉，维持原裁定。

案例 2

新疆农洋洋国际贸易有限公司与新疆农资（集团）有限责任公司侵害商标权纠纷上诉案

在上诉人新疆农洋洋国际贸易有限公司（简称“农洋洋公司”）与被上诉人新疆农资（集团）有限责任公司（简称“农资公司”）侵害商标权纠纷一案中，农洋洋公司不服乌鲁木齐市中级人民法院作出的民事判决，向新疆维吾尔自治区高级人民法院提起上诉，请求法院判决农资公司赔偿农洋洋公司因其侵犯商标权给农洋洋公司带来的损失。

法院认为，根据《最高人民法院关于适用〈中华人民共和国民事诉讼法〉的解释》第 247 条第 1 款规定：当事人就已经提起的诉讼事项在诉讼过程中或者裁判生效后再次起诉，同时符合下列条件的，构成重复起诉：(1) 后诉与前诉的当事人相同；(2) 后诉与前诉的诉讼标的相同；(3) 后诉与前诉的诉讼请求相同，或者后诉的诉讼请求实质上否定前诉的裁判结果。

本案中，本案与前诉案件具有一个相同的事实，本案与前诉案件当事人实质相同，本案与前诉案件诉讼标的均是商标权侵权法律关系，本案的诉讼请求实质上是否定前诉案件的诉讼请求。因此，农洋洋公司提起本案诉讼属于重复起诉。综上所述，法院依法裁定撤销一审判决、驳回农洋洋公司的起诉。

【法条指引】

中华人民共和国民事诉讼法（节录）

第一百一十九条 起诉必须符合下列条件：

（一）原告是与本案有直接利害关系的公民、法人和其他组织；

（二）有明确的被告；

（三）有具体的诉讼请求和事实、理由；

（四）属于人民法院受理民事诉讼的范围和受诉人民法院管辖。

第一百二十条 起诉应当向人民法院递交起诉状，并按照被告人数提出副本。

书写起诉状确有困难的，可以口头起诉，由人民法院记入笔录，并告知对方当事人。

第一百二十一条 起诉状应当记明下列事项：

（一）原告的姓名、性别、年龄、民族、职业、工作单位、住所、联系方式，法人或者其他组织的名称、住所和法定代表人或者主要负责人的姓名、职务、联系方式；

（二）被告的姓名、性别、工作单位、住所等信息，法人或者其他组织的名称、住所等信息；

（三）诉讼请求和所根据的事实与理由；

（四）证据和证据来源，证人姓名和住所。

第一百二十二条 当事人起诉到人民法院的民事纠纷，适宜调解的，先行调解，但当事人拒绝调解的除外。

第一百二十三条 人民法院应当保障当事人依照法律规定享有的起诉

权利。对符合本法第一百一十九条的起诉，必须受理。符合起诉条件的，应当在七日内立案，并通知当事人；不符合起诉条件的，应当在七日内作出裁定书，不予受理；原告对裁定不服的，可以提起上诉。

第一百二十四条 人民法院对下列起诉，分别情形，予以处理：

（一）依照行政诉讼法的规定，属于行政诉讼受案范围的，告知原告提起行政诉讼；

（二）依照法律规定，双方当事人达成书面仲裁协议申请仲裁、不得向人民法院起诉的，告知原告向仲裁机构申请仲裁；

（三）依照法律规定，应当由其他机关处理的争议，告知原告向有关机关申请解决；

（四）对不属于本院管辖的案件，告知原告向有管辖权的人民法院起诉；

（五）对判决、裁定、调解书已经发生法律效力的案件，当事人又起诉的，告知原告申请再审，但人民法院准许撤诉的裁定除外；

（六）依照法律规定，在一定期限内不得起诉的案件，在不得起诉的期限内起诉的，不予受理；

（七）判决不准离婚和调解和好的离婚案件，判决、调解维持收养关系的案件，没有新情况、新理由，原告在六个月内又起诉的，不予受理。

第十一节 简易程序

【规则要点】

简易程序，是指基层人民法院及其派出法庭审理简单的民事案件，以及当事人选择简易程序审理的非简单民事案件所适用的简便易行的诉讼程序，包含小额诉讼程序。简易程序的适用较普通程序而言简便灵活，从某种意义上来看，简易程序就是普通程序的简化，而小额诉讼程序就是简易程序的再简化。

【理解与适用】

一、简易程序概述

（一）简易程序的适用范围

依照民事诉讼法及相关司法解释的规定，基层人民法院和其派出的法庭审理事实清楚、权利义务关系明确、争议不大的简单的民事案件，适用简易程序。

基层人民法院和其派出的法庭审理前述以外的民事案件，当事人双方也可以约定适用简易程序。当事人约定适用简易程序的，应当在开庭前提出。口头提出的，记入笔录，由双方当事人签名或者捺印确认。

但是下列案件，不适用简易程序：（1）起诉时被告下落不明的；（2）发回重审的；（3）当事人一方人数众多的；（4）适用审判监督程序的；（5）涉及国家利益、社会公共利益的；（6）第三人起诉请求改变或者撤销生效判决、裁定、调解书的；（7）其他不宜适用简易程序的案件。

（二）简易程序的审理期限

人民法院适用简易程序审理案件，应当在立案之日起3个月内审结。审理期限到期后，双方当事人同意继续适用简易程序的，由本院院长批准，可以延长审理期限。延长后的审理期限累计不得超过6个月。

二、简易程序的适用

（一）起诉与答辩

1. 起诉的方式

适用简易程序审理的民事案件，原告既可以书面起诉，也可以口头起诉。原告口头起诉的，人民法院应当将当事人的姓名、性别、工作单位、住所、联系方式等基本信息，诉讼请求，事实及理由等准确记入笔录，由原告核对无误后签名或者捺印，并对当事人提交的证据材料出具收据。

不同于适用普通程序较为复杂正式的立案程序，适用简易程序的，当事人双方可以同时到基层人民法院或者其派出的法庭，请求解决纠纷。基层人民法院或者其派出的法庭可以当即审理，也可以另定日期审理。

应当注意的是，已经按照普通程序审理的案件，在开庭后不得转为简易程序审理。

2. 传唤与送达

适用简易程序审理的民事案件，人民法院可以用简便方式传唤当事人和证人、送达诉讼文书、审理案件。人民法院可以采取捎口信、电话、短信、传真、电子邮件等简便方式传唤双方当事人、通知证人和送达裁判文书以外的诉讼文书。

以简便方式送达的开庭通知，未经当事人确认或者没有其他证据证明当事人已经收到的，人民法院不得缺席判决。

3. 被告答辩

适用简易程序的，被告既可以书面答辩，也可以口头答辩。双方当事人到庭后，被告同意口头答辩的，人民法院可以当即开庭审理；被告要求书面答辩的，人民法院应当将提交答辩状的期限和开庭的具体日期告知各方当事人，并向当事人说明逾期举证以及拒不到庭的法律后果，由各方当事人在笔录和开庭传票的送达回证上签名或者捺印。

（二）审理前准备

1. 举证期限

适用简易程序审理的案件的举证期限由人民法院确定，也可以由当事人协商一致并经人民法院准许，但不得超过15日。被告要求书面答辩的，人民法院可在征得其同意的基础上，合理确定答辩期间。

人民法院应当将举证期限和开庭日期告知双方当事人，并向当事人说明逾期举证以及拒不到庭的法律后果，由双方当事人在笔录和开庭传票的送达回证上签名或者捺印。当事人双方均表示不需要举证期限、答辩期间的，人民法院可以立即开庭审理或者确定开庭日期。

2. 简易程序的转换

当事人有权就简易程序的适用向人民法院提出异议。当事人就案件适用简易程序提出异议，人民法院经审查，异议成立的，裁定转为普通程序；异议不成立的，口头告知当事人，并记入笔录。

此外，人民法院在审理过程中，发现案件案情复杂不宜适用简易程序的，裁定转为普通程序。

转为普通程序的，人民法院应当在审理期限届满前将合议庭组成人员及相关事项以书面形式通知双方当事人，并且对于双方当事人已确认的事实，可以不再进行举证、质证。

案件转为普通程序审理的，审理期限自人民法院立案之日计算。

（三）开庭审理

1. 开庭方式

当事人双方可就开庭方式向人民法院提出申请，由人民法院决定是否准许。经当事人双方同意，可以采用视听传输技术等方式开庭。

2. 先行调解

我国现行法律规定提倡调解，因为调解不仅能够从根本上解决纠纷，而且有利于维护社会秩序，这在普通程序中就有所体现，在简易程序中更是如此。依照司法解释的规定，下列民事案件，人民法院在开庭审理时应当先行调解：（1）婚姻家庭纠纷和继承纠纷；（2）劳务合同纠纷；（3）交通事故和工伤事故引起的权利义务关系较为明确的损害赔偿纠纷；（4）宅基地和相邻关系纠纷；（5）合伙协议纠纷；（6）诉讼标的额较小的纠纷。但是根据案件的性质和当事人的实际情况不能调解或者显然没有调解必要的除外。

3. 诉讼权利义务的告知

对没有委托律师、基层法律服务工作者代理诉讼的当事人，人民法院在庭审过程中可以对回避、自认、举证证明责任等相关内容向其作必要的解释或者说明，并在庭审过程中适当提示当事人正确行使诉讼权利、履行诉讼义务。

4. 庭审次数

适用简易程序审理的民事案件，原则上应当一次开庭审结，但人民法院认为确有必要再次开庭的除外。

5. 审判方式

适用简易程序审理案件，由审判员独任审判，书记员担任记录。

（四）宣判

在适用普通程序审理案件时，人民法院可以当庭宣判或者定期宣判，但对于适用简易程序审理的民事案件，除人民法院认为不宜当庭宣判的以外，应当当庭宣判。

（五）裁判文书的简化

为提高工作效率，在适用简易程序审理的民事案件中，人民法院可以依法对裁判文书进行简化。依照司法解释的规定，适用简易程序审理的案件，有下列情形之一的，人民法院在制作判决书、裁定书、调解书时，对认定事实或者裁判理由部分可以适当简化：（1）当事人达成调解协议并需要制作民事调解书的；（2）一方当事人明确表示承认对方全部或者部分诉讼请求的；（3）涉及商业秘密、个人隐私的案件，当事人一方要求简化裁判文书中的相关内容，人民法院认为理由正当的；（4）当事人双方同意简化的。

三、小额诉讼程序

小额诉讼程序并不是独立于简易程序之外的一个程序，而是作为简易程序中的一个更加简化的程序存在，小额诉讼程序的适用条件必须符合适用简易程序的一般条件。

（一）适用范围

基层人民法院和它派出的法庭审理的事实清楚、权利义务关系明确、争议不大的简单的民事案件，标的额为各省、自治区、直辖市上年度就业人员年平均工资30%以下的，适用小额诉讼程序。各省、自治区、直辖市上年度就业人员年平均工资，是指已经公布的各省、自治区、直辖市上一年度就业人员年平均工资。在上一年度就业人员年平均工资公布前，以已经公布的最近年度就业人员年平均工资为准。

海事法院审理海事、海商案件，符合条件的也可以适用小额诉讼程序。

对于符合上述案件标的额条件的下列金钱给付的案件，适用小额诉讼程序审理：（1）买卖合同、借款合同、租赁合同纠纷；（2）身份关系清楚，仅在给付的数额、时间、方式上存在争议的赡养费、抚育费、扶养费纠纷；（3）责任明确，仅在给付的数额、时间、方式上存在争议的交通事故损害赔偿和其他人身损害赔偿纠纷；（4）供用水、电、气、热力合同纠纷；（5）银行卡纠纷；（6）劳动关系清楚，仅在劳动报酬、工伤医疗费、经济补偿金或者赔偿金给付数额、时间、方式上存在争议的劳动合同纠纷；（7）劳务关系清楚，仅在劳务报酬给付数额、时间、方式上存在争议的劳务合同纠纷；（8）物业、电信等服务合同纠纷；（9）其他金钱给付纠纷。

此外，下列案件，不适用小额诉讼程序审理：（1）人身关系、财产确权纠纷；（2）涉外民事纠纷；（3）知识产权纠纷；（4）需要评估、鉴定或者对诉前评估、鉴定结果有异议的纠纷；（5）其他不宜适用一审终审的纠纷。

（二）举证期限

小额诉讼案件的举证期限由人民法院确定，也可以由当事人协商一致并经人民法院准许，但一般不超过7日。被告要求书面答辩的，人民法院可以在征得其同意的基础上合理确定答辩期间，但最长不得超过15日。当事人到庭后表示不需要举证期限和答辩期间的，人民法院可立即开庭审理。

（三）一审终审

适用小额诉讼程序审理的案件中所有的判决、裁定，包括实体判决以及驳回起诉、管辖权异议裁定均为一审终审。

（四）程序的转换

适用小额诉讼程序审理的民事案件应当符合上述条件，对于不符合条件的，应当依照法律规定适用简易程序的一般规定审理或者普通程序审理。依照司法解释的规定，程序的转换有以下两种情形：

其一，因当事人申请增加或者变更诉讼请求、提出反诉、追加当事人等，致使案件不符合小额诉讼案件条件的，人民法院应当适用简易程序的其他规定审理；不符合简易程序条件，应当适用普通程序审理的，裁定转为普通程序。

适用简易程序的其他规定或者普通程序审理前，双方当事人已确认的事实，可以不再进行举证、质证。

其二，当事人对按照小额诉讼案件审理有异议的，应当在开庭前提出。人民法院经审查，异议成立的，适用简易程序的其他规定审理；异议不成立的，告知当事人，并记入笔录。

（五）裁判文书的简化

小额诉讼案件的裁判文书可以简化，主要记载当事人基本信息、诉讼请求、裁判主文等内容。

【风险提示】

由于简易程序的设置是为了解决简单的民事案件，追求案件审理的快捷高效，因此，其有关诉讼程序的安排较普通程序简便、宽松，如诉讼中的有关期限安排较短、审理适用独任制、小额诉讼一审终审等，此类安排有利有弊。为此，对不属于法律规定的应适用简易程序的案件，当事人若有适用简易程序审理的意向的，应事先考虑能否接受因该程序简便、宽松所导致的一系列影响，分析利弊，再行决定。

【相关案例】

邵某诉安庆市某某超市有限公司等产品责任纠纷案

2016年9月14日，邵某在某某超市购买了多力橄榄葵花食用调和油，邵某认为该食用调和油标签违反国家标准GB7718-2011《预包装食品标签通则》，遂以安庆市某某超市有限公司及某某投资（中国）有限公司（简称“佳格公司”）为被告向安徽省安庆市大观区人民法院提起诉讼，请求判决被告依法就其产品责任向被告进行赔偿。

法院立案受理后，根据该案情况依法适用小额诉讼程序，公开开庭进行了审理。法院经审理认为，原告所购多力橄榄葵花食用调和油食品标签内容不违反GB7718-2011《预包装食品标签通则》的相关规定，原告邵某未提交证据证明所购多力橄榄葵花食用调和油标签内容违反食品安全相关标准及所购商品本身存在食品安全问题，故就邵某要求被告依法赔偿的诉讼请求，无事实和法律依据，法院不予支持。因此，法院判决如下：驳回原告邵某的诉讼请求。该判决为终审判决。

【法条指引】

中华人民共和国民事诉讼法（节录）

第一百五十七条 基层人民法院和它派出的法庭审理事实清楚、权利义务关系明确、争议不大的简单的民事案件，适用本章规定。

基层人民法院和它派出的法庭审理前款规定以外的民事案件，当事人双方也可以约定适用简易程序。

第一百五十九条 基层人民法院和它派出的法庭审理简单的民事案件，可以用简便方式传唤当事人和证人、送达诉讼文书、审理案件，但应当保障当事人陈述意见的权利。

第一百六十条 简单的民事案件由审判员一人独任审理，并不受本法第一百三十六条、第一百三十八条、第一百四十一条规定的限制。

第一百六十一条 人民法院适用简易程序审理案件，应当在立案之日起三个月内审结。

第一百六十二条 基层人民法院和它派出的法庭审理符合本法第一百五十七条第一款规定的简单的民事案件，标的额为各省、自治区、直辖市上年度就业人员年平均工资百分之三十以下的，实行一审终审。

第一百六十三条 人民法院在审理过程中，发现案件不宜适用简易程序的，裁定转为普通程序。

第十二节 公益诉讼

【规则要点】

公益诉讼，是指由法律规定的机关、团体、个人对实施了损害社会利益、公共利益行为的对象提起诉讼的活动。该制度的价值在于保护社会公共利益免受不法侵害，主要发生于环境污染、侵害消费者权益等事件中。

【理解与适用】

一、起诉条件

依据民事诉讼法及相关司法解释的规定，环境保护法、消费者权益保护法等法律规定的机关和有关组织对污染环境、侵害众多消费者合法权益等损害社会公共利益的行为提起公益诉讼，符合下列条件的，人民法院应当受理：（1）有明确的被告；（2）有具体的诉讼请求；（3）有社会公共利益受到损害的初步证据；（4）属于人民法院受理民事诉讼的范围和受诉人民法院管辖。

二、管辖

公益诉讼案件由侵权行为地或者被告住所地中级人民法院管辖，但法律、司法解释另有规定的除外。

因污染海洋环境提起的公益诉讼，由污染发生地、损害结果地或者采取预防污染措施地海事法院管辖。

对同一侵权行为分别向两个以上人民法院提起公益诉讼的，由最先立案的人民法院管辖，必要时由它们的共同上级人民法院指定管辖。

三、其他机关、组织参与诉讼

人民法院受理公益诉讼案件后，依法可以提起诉讼的其他机关和有关组织，可以在开庭前向人民法院申请参加诉讼。人民法院可以准许其参加诉讼并将其列为共同原告。

公益诉讼案件的裁判发生法律效力后，其他依法具有原告资格的机关和有关组织就同一侵权行为另行提起公益诉讼的，人民法院裁定不予受理，但法律、司法解释另有规定的除外。

四、公益诉讼的和解、调解

人民法院可以对公益诉讼案件进行调解，当事人也可以自行调解。当事人达成和解或者调解协议后，人民法院应当将和解或者调解协议进行为期 30 日以上的公告。公告期满后，人民法院经审查，和解或者调解协议不违反社会公共利益的，应当出具调解书；和解或者调解协议违反社会公共利益的，不予出具调解书，继续对案件进行审理并依法作出裁判。

五、撤诉的禁止

公益诉讼的目的在于保护公共利益，因此对原告的撤诉存在一些限制。依照有关司法解释的规定，公益诉讼案件的原告在法庭辩论终结后申请撤诉的，人民法院不予准许。

六、受害人提起诉讼

人民法院受理公益诉讼案件，不影响同一侵权行为的受害人依法向人民法院提起诉讼以寻求救济。因此，受害人不能对公益诉讼生效裁判提出第三人撤销之诉。

【相关案例】

沂水县住房和城乡建设局诉李某某等水污染侵权纠纷案

2011年8月28日，李某某驾驶自有汽车在沂水县城行驶时与一辆重型半挂货车相撞，重型半挂货车所载柴油外泄并致周围环境污损。该交通事故经临沂市公安局交通警察支队沂水大队认定，确认李某某承担事故的全部责任。

沂水县住房和城乡建设局委托沂水县价格认证中心对受柴油污染的小沂河进行了评估，价格认证结论为水面污染清理费用人民币42000元。沂水县住房和城乡建设局遂以李某某为被告，向山东省沂水县人民法院起诉，请求依法调解或判令被告立即支付小沂河水面污染清理费用人民币42000元。

法院经审理认为，原告沂水县住房和城乡建设局是全县城乡规划建设管理工作的职能部门，指导全县城市建设和村镇建设；负责城市供排水、节水、污水处理、燃气、供热、市政设施、园林管理。本案中小沂河水面污染清理工作在沂水县住房和城乡建设局的职能范围之内，沂水县住房和城乡建设局可以作为本案的适格原告提起诉讼。综合当事人陈述及原告提交的证据，法院对于沂水县价格认证中心出具的小沂河水面污染清理费的价格认证结论予以采信。本案中小沂河水面污染是由于被告李某某的过错造成的，李某某应当承担损害赔偿的侵权责任。综上，法院依法判决被告李某某于本判决生效后10日内一次性赔偿原告沂水县住房和城乡建设局小沂河水面污染清理费人民币42000元。

【法条指引】

中华人民共和国民事诉讼法（节录）

第五十五条 对污染环境、侵害众多消费者合法权益等损害社会公共利益的行为，法律规定的机关和有关组织可以向人民法院提起诉讼。

人民检察院在履行职责中发现破坏生态环境和资源保护、食品药品安全领域侵害众多消费者合法权益等损害社会公共利益的行为，在没有前款规定的机关和组织或者前款规定的机关和组织不提起诉讼的情况下，可以向人民法院提起诉讼。前款规定的机关或者组织提起诉讼的，人民检察院可以支持起诉。

第十三节　第三人撤销之诉

【规则要点】

第三人撤销之诉，是指案件的第三人因不可归责于本人的事由未参加诉讼，且案件生效裁判内容错误并因此损害其民事权益时，该第三人请求人民法院对上述裁判予以撤销而依法提起的诉讼。第三人撤销之诉是对未参加诉讼，但却因该诉讼遭受民事权益损害的第三人的救济制度。

【理解与适用】

一、起诉与受理

(一) 起诉条件

第三人起诉满足以下两个条件方得提起第三人撤销之诉：

1. 有作为本案有独立请求权第三人或者无独立请求权第三人的资格，但因不能归责于本人的事由未参加诉讼。依照《民诉解释》的规定，因不能归责于本人的事由未参加诉讼，是指没有被列为生效判决书、裁定书、调解书当事人，且无过错或者无明显过错的情形。包括：

(1) 不知道诉讼而未参加的；

(2) 申请参加未获准许的；

(3) 知道诉讼，但因客观原因无法参加的；

(4) 因其他不能归责于本人的事由未参加诉讼的。

2. 有证据证明发生法律效力的判决书、裁定书、调解书的部分或者全部内容错误，损害其民事权益的。依照《民诉解释》的规定，上述判决书、裁定书、调解书的部分或者全部内容，是指判决、裁定的主文，调解书中处理当事人民事权利义务的结果。

（二）起诉时间和管辖法院

第三人应当在知道或者应当知道其民事权益受损之日起6个月内向作出原判决、裁定的法院提起第三人撤销之诉。该6个月期间为不变期间，不适用诉讼时效中止、中断、延长的规定。

（三）审查处理

人民法院应当在收到起诉状和证据材料之日起5日内送交对方当事人，对方当事人可以自收到起诉状之日起10日内提出书面意见。

人民法院应当对第三人提交的起诉状、证据材料以及对方当事人的书面意见进行审查。必要时，可以询问双方当事人。

经审查，符合起诉条件的，人民法院应当在收到起诉状之日起30日内立案。不符合起诉条件的，应当在收到起诉状之日起30日内裁定不予受理。

对下列情形提起第三人撤销之诉的，人民法院不予受理：

其一，适用特别程序、督促程序、公示催告程序、破产程序等非讼程序处理的案件；

其二，婚姻无效、撤销或者解除婚姻关系等判决书、裁定书、调解书中涉及身份关系的内容；

其三，未参加登记的权利人对代表人诉讼案件的生效裁判；

其四，损害社会公共利益行为的受害人对公益诉讼案件的生效裁判。

二、审理方式

人民法院对第三人撤销之诉案件，应当组成合议庭开庭审理，严格适用第一审普通程序，不得书面审理，不得适用独任制。

在第三人撤销之诉中，人民法院应当将该第三人列为原告，生效判决书、裁定书、调解书的当事人列为被告，包括原审原告、被告、有独立请求权的第三人和承担义务的无独立请求权的第三人，将生效判决书、裁定书、调解书中没有承担责任的无独立请求权的第三人列为第三人。

三、中止执行

第三人撤销之诉是一个独立的诉，原诉作出的判决书、裁定书、调解书已经生效并可以得到执行。依据民事诉讼法，《民诉解释》的规定，第三人提起撤销之诉后想要中止原生效法律文书的执行，可以有以下两种方式：

其一，向法院提供担保，请求中止执行，法院可以准许；

其二，向执行法院提出案外人对执行标的的异议，法院审查，异议成立的即裁定中止执行。

四、判决结果

对第三人撤销或者部分撤销发生法律效力的判决书、裁定书、调解书内容的请求，人民法院经审理，按下列情形分别处理：

其一，请求成立且确认其民事权利的主张全部或部分成立的，改变原判决书、裁定书、调解书内容的错误部分；

其二，请求成立，但确认其全部或部分民事权利的主张不成立，或者未提出确认其民事权利请求的，撤销原判决书、裁定书、调解书内容的错误部分；

其三，请求不成立的，驳回诉讼请求。

对上述规定裁判不服的，当事人可以上诉。

原判决书、裁定书、调解书的内容未改变或者未撤销的部分继续有效。

五、与再审的关系

第三人撤销之诉案件审理期间，人民法院对生效判决书、裁定书、调解书裁定再审的，受理第三人撤销之诉的人民法院应当裁定将第三人的诉讼请求并入再审程序。

但有证据证明原审当事人之间恶意串通损害第三人合法权益的，人民法院应当先行审理第三人撤销之诉案件，裁定中止再审诉讼。

第三人诉讼请求并入再审程序审理的，按照下列情形分别处理：

其一，按照第一审程序审理的，人民法院应当对第三人的诉讼请求一并审理，所作的判决可以上诉；

其二，按照第二审程序审理的，人民法院可以调解，调解达不成协议的，应当裁定撤销原判决书、裁定书、调解书，发回一审法院重审，重审时应当列明第三人。

【相关案例】

蔡某某与新阳公司建设工程施工合同纠纷上诉案

中顺公司与金地公司签订建设工程施工合同，由中顺公司承建金地公司开发的建设项目，蔡某某为实际施工人。中顺公司梦溪小区项目部与新阳公司签订预拌混凝土销售合同，合同由蔡某某签字，并加盖了中顺公司梦溪小区项目部印章。2014 年 12 月 24 日，新阳公司以中顺公司拖欠混凝土价款为由起诉至江苏省宿迁市中级人民法院，并由法院作出民事调解书。在执行过程中，蔡某某方知道新阳公司与中顺公司就混凝土价款的诉讼已在法院达成调解的情况。

2015 年 7 月，蔡某某起诉至江苏省宿迁市中级人民法院称：前述民事调解书内容错误，蔡某某应当作为第三人参加诉讼，但蔡某某并不知情，未参加诉讼，故请求依法撤销该民事调解书。

法院经审理认为，原告蔡某某作为实际施工人，系新阳公司与中顺公司买卖合同纠纷一案中无独立请求权的第三人，该买卖合同纠纷案件的处理结果与原告蔡某某具有法律上的利害关系，因不能归责于蔡某某本人的事由未参加该买卖合同纠纷诉讼。现原告蔡某某有证据证明该买卖合同纠纷案件的已经发生法律效力的调解书的部分内容错误，损害其民事权益，其在法定期限内提起了诉讼，请求撤销该民事调解书内容，根据法律规定，其请求成立，应该撤销原调解书，法院对其诉讼请求予以支持。

【法条指引】

中华人民共和国民事诉讼法（节录）

第五十六条　对当事人双方的诉讼标的，第三人认为有独立请求权的，有权提起诉讼。

对当事人双方的诉讼标的，第三人虽然没有独立请求权，但案件处理结果同他有法律上的利害关系的，可以申请参加诉讼，或者由人民法院通知他参加诉讼。人民法院判决承担民事责任的第三人，有当事人的诉讼权利义务。

前两款规定的第三人，因不能归责于本人的事由未参加诉讼，但有证据证明发生法律效力的判决、裁定、调解书的部分或者全部内容错误，损害其民事权益的，可以自知道或者应当知道其民事权益受到损害之日起六个月内，向作出该判决、裁定、调解书的人民法院提起诉讼。人民法院经审理，诉讼请求成立的，应当改变或者撤销原判决、裁定、调解书；诉讼请求不成立的，驳回诉讼请求。

第十四节　第二审程序

【规则要点】

第二审程序，是指由于民事诉讼的当事人不服一审法院未生效的一审裁判而在法定期间内向上一级人民法院提起上诉而引起的诉讼程序，是第二审级的人民法院审理上诉案件所适用的程序。中国实行二审终审制，通常情况下，二审裁判即为终审裁判。

【理解与适用】

一、上诉的提起与受理

（一）上诉的主体

提起上诉的主体只能是本案当事人，包括第一审程序中的原告、被告、有独立请求权的第三人、判决承担义务的无独立请求权的第三人。此外，无民事行为能力人、限制民事行为能力人的法定代理人，可以代理当事人提起上诉。

（二）上诉的对象

当事人只能针对法律规定允许上诉的判决和裁定提起上诉。依照法律规定，允许上诉的判决包括地方各级人民法院适用普通程序作出的第一审判决、基层人民法院及其派出法庭适用简易程序作出的第一审判决、地方各级人民法院对发回重审的案件重审后作出的判决以及适用第一审普通程序再审后作出的判决；允许上诉的裁定包括不予受理的裁定、当事人对管辖权有异议的裁定；驳回起诉的裁定。

（三）上诉期

当事人在法定的上诉期内享有上诉权，超过上诉期的，上诉权丧失。依据民事诉讼法的规定，当事人不服地方人民法院第一审判决的，有权在判决书送达之日起15日内向上一级人民法院提起上诉。当事人不服地方人民法院第一审裁定的，有权在裁定书送达之日起10日内向上一级人民法院提起上诉。在上诉期间内，第一审裁判不发生效力；上诉期满当事人没有提起上诉的，第一审裁判发生法律效力。上诉期从各自收到判决书、裁定书之日计算。

（四）上诉状

当事人上诉必须递交上诉状。上诉状的内容，应当包括当事人的姓名，法人的名称及其法定代表人的姓名或者其他组织的名称及其主要负责人的姓名；原审人民法院名称、案件的编号和案由；上诉的请求和理由。

上诉状应当通过原审人民法院提出，并按照对方当事人或者代表人的人数提出副本。此外，当事人也可以直接向第二审人民法院上诉。

（五）二审当事人地位的列明

第二审程序中，原则上，提出上诉的人是上诉人，被提出上诉的人是被上诉人；一审的当事人均上诉的，二审中都是上诉人而没有被上诉人。

但必要共同诉讼人提起上诉的，按下列情形分别处理：

其一，上诉仅对与对方当事人之间权利义务分担有意见，不涉及其他共同诉讼人利益的，对方当事人为被上诉人，未上诉的同一方当事人依原审诉讼地位列明；

其二，上诉仅对共同诉讼人之间权利义务分担有意见，不涉及对方当事人利益的，未上诉的同一方当事人为被上诉人，对方当事人依原审诉讼地位列明；

其三，上诉对双方当事人之间以及共同诉讼人之间权利义务承担有意见的，未提起上诉的其他当事人均为被上诉人。

（六）上诉的受理

依据民事诉讼法的规定，原审人民法院收到上诉状，应当在5日内将上诉状副本送达对方当事人，对方当事人在收到之日起15日内提出答辩状。人民法院应当在收到答辩状之日起5日内将副本送达上诉人。对方当事人不提出答辩状的，不影响人民法院审理。原审人民法院收到上诉状、答辩状，应当在5日内连同全部案卷和证据，报送第二审人民法院。

二、二审程序

（一）审理范围

二审实行审理范围有限原则，人民法院仅围绕上诉请求的有关事实和适用法律进行审查。当事人没有提出请求的，不予审理，但一审判决违反法律禁止性规定，或者损害国家利益、社会公共利益、他人合法权益的除外。

（二）审理形式

二审由审判员组成合议庭开庭审理。经过阅卷、调查和询问当事人，对没有提出新的事实、证据或者理由，合议庭认为不需要开庭审理的，可以不开庭审理，包括以下案件：（1）不服不予受理、管辖权异议和驳回起诉裁定的；（2）当事人提出的上诉请求明显不能成立的；（3）原判决、裁定认定事实清楚，但适用法律错误的；（4）原判决严重违反法定程序，需要发回重审的。

（三）一审中诉讼行为的拘束力

二审程序是一审程序的继续，当事人在一审程序中所为的诉讼行为在二审程序中对该当事人仍具有拘束力。当事人推翻其在第一审程序中实施的诉讼行为时，应当说明理由。理由不成立的，人民法院不予支持。

（四）审理期限

二审的审理期限依当事人提起的上诉对象的不同而不同。对判决的上诉案件，应当在第二审立案之日起3个月内审结；对裁定的上诉案件，应当在第二审立案之日起30日内作出终审裁定。前述审理期限有特殊情况需要延长的，由本院院长批准。

三、二审的结案

（一）二审的裁判

依据民事诉讼法及相关司法解释的规定，二审人民法院经过审理后，根据以下不同情况作出相应裁判：

1. 原判决、裁定认定事实清楚，适用法律正确的，以判决、裁定方式驳回上诉，维持原判决、裁定。此外，原判决、裁定认定事实或者适用法律虽有瑕疵，但裁判结果正确的，第二审人民法院可以在判决、裁定中纠正瑕疵后，予以维持。

2. 原判决、裁定认定事实错误或者适用法律错误的，以判决、裁定方式依法改判、撤销或者变更。

3. 原判决认定基本事实不清的，裁定撤销原判决，发回原审人民法院重审，或者查清事实后改判。前述基本事实，是指用以确定当事人主体资格、案件性质、民事权利义务等对原判决、裁定的结果有实质性影响的事实。

4. 原判决遗漏当事人或者违法缺席判决等严重违反法定程序的，裁定撤销原判决，发回原审人民法院重审。严重违反法定程序的情形包括：（1）审判组织的组成不合法的；（2）应当回避的审判人员未回避的；（3）无诉讼行为能力人未经法定代理人代为诉讼的；（4）违法剥夺当事人辩论权利的。

原审人民法院对发回重审的案件作出判决后，当事人提起上诉的，第二审人民法院不得再次发回重审。

此外，对于以下特殊情况，按照法律的特殊规定作出相应处理：

其一，第二审人民法院认为依法不应由人民法院受理的，可以直接裁定撤销原裁判，驳回起诉。

其二，第二审人民法院认为第一审人民法院受理案件违反专属管辖规定的，应当裁定撤销原裁判并移送有管辖权的人民法院。

其三，第二审人民法院查明第一审人民法院作出的不予受理裁定有错误的，应当在撤销原裁定的同时，指令第一审人民法院立案受理；查明第一审人民法院作出的驳回起诉裁定有错误的，应当在撤销原裁定的同时，指令第一审人民法院审理。

（二）二审的调解

第二审人民法院审理上诉案件，可以进行调解。调解达成协议，应当制作调解书。调解书送达后，原审人民法院的判决即视为撤销。调解未达成协议的，人民法院应当依法及时作出裁判，但是，对于下列情况应当依照法律的规定作出相应的处理：

1. 对遗漏诉讼请求的处理。对当事人在第一审程序中已经提出的诉讼请求，原审人民法院未作审理、判决的，第二审人民法院可以根据当事人自愿的原则进行调解；调解不成的，发回重审。

2. 对遗漏必须参加诉讼的当事人或者有独立请求权的第三人的处理。必须参加诉讼的当事人或者有独立请求权的第三人，在第一审程序中未参加诉讼，第二审人民法院可以根据当事人自愿的原则予以调解；调解不成的，发回重审。

3. 对当事人新增加的诉讼请求或反诉的处理。在第二审程序中，原审原告增加独立的诉讼请求或者原审被告提出反诉的，第二审人民法院可以根据当事人自愿的原则就新增加的诉讼请求或者反诉进行调解；调解不成的，告知当事人另行起诉。双方当事人同意由第二审人民法院一并审理的，第二审人民法院可以一并裁判。

4. 对离婚案件的处理。一审判决不准离婚的案件，上诉后，第二审人民法院认为应当判决离婚的，可以根据当事人自愿的原则，与子女抚养、财产问题一并调解；调解不成的，发回重审。双方当事人同意由第二审人民法院一并审理的，第二审人民法院可以一并裁判。

（三）二审的和解

在二审程序中，当事人可以进行和解。当事人和解成功并达成和解协议的，人民法院可以根据当事人的请求，对双方达成的和解协议进行审查并制作调解书送达当事人；因和解而申请撤诉，经审查符合撤诉条件的，人民法院应予准许。

（四）上诉的撤回

第二审人民法院判决宣告前，上诉人申请撤回上诉的，是否准许，由第二审人民法院裁定。人民法院经审查认为一审判决确有错误，或者当事人之间恶意串通损害国家利益、社会公共利益、他人合法权益的，不应准许。

（五）起诉的撤回

在第二审程序中，原审原告有权撤回起诉。其申请撤回起诉，经其他当事人同意，且不损害国家利益、社会公共利益、他人合法权益的，人民法院可以准许。准许撤诉的，应当一并裁定撤销一审裁判。原审原告在第二审程序中撤回起诉后重复起诉的，人民法院不予受理。

【风险提示】

1. 二审法院围绕当事人的上诉请求进行审理。因此，有关上诉人应当妥善整理自己认为一审判决存在错误、纰漏的事项，在上诉请求中充分表达自己的诉求以及对一审裁判的异议。

2. 不同于一审法院撤回起诉后仍能再次起诉的规定，二审中原告撤回起诉的，将不能再次就同一诉讼标的提起诉讼。因此，当事人在二审中考虑撤诉尤其需要慎重。

【法条指引】

中华人民共和国民事诉讼法（节录）

第一百六十四条　当事人不服地方人民法院第一审判决的，有权在判决书送达之日起十五日内向上一级人民法院提起上诉。

当事人不服地方人民法院第一审裁定的，有权在裁定书送达之日起十日内向上一级人民法院提起上诉。

第一百六十九条　第二审人民法院对上诉案件，应当组成合议庭，开庭审理。经过阅卷、调查和询问当事人，对没有提出新的事实、证据或者理由，合议庭认为不需要开庭审理的，可以不开庭审理。

第二审人民法院审理上诉案件，可以在本院进行，也可以到案件发生地或者原审人民法院所在地进行。

第一百七十条　第二审人民法院对上诉案件，经过审理，按照下列情形，分别处理：

（一）原判决、裁定认定事实清楚，适用法律正确的，以判决、裁定方式驳回上诉，维持原判决、裁定；

（二）原判决、裁定认定事实错误或者适用法律错误的，以判决、裁定方式依法改判、撤销或者变更；

（三）原判决认定基本事实不清的，裁定撤销原判决，发回原审人民法院重审，或者查清事实后改判；

（四）原判决遗漏当事人或者违法缺席判决等严重违反法定程序的，裁定撤销原判决，发回原审人民法院重审。

原审人民法院对发回重审的案件作出判决后，当事人提起上诉的，第二审人民法院不得再次发回重审。

第一百七十四条 第二审人民法院审理上诉案件，除依照本章规定外，适用第一审普通程序。

第一百七十五条 第二审人民法院的判决、裁定，是终审的判决、裁定。

第一百七十六条 人民法院审理对判决的上诉案件，应当在第二审立案之日起三个月内审结。有特殊情况需要延长的，由本院院长批准。

人民法院审理对裁定的上诉案件，应当在第二审立案之日起三十日内作出终审裁定。

最高人民法院关于适用《中华人民共和国民事诉讼法》的解释（节录）

第三百二十三条 第二审人民法院应当围绕当事人的上诉请求进行审理。

当事人没有提出请求的，不予审理，但一审判决违反法律禁止性规定，或者损害国家利益、社会公共利益、他人合法权益的除外。

第三百三十八条 在第二审程序中，原审原告申请撤回起诉，经其他当事人同意，且不损害国家利益、社会公共利益、他人合法权益的，人民法院可以准许。准许撤诉的，应当一并裁定撤销一审裁判。

原审原告在第二审程序中撤回起诉后重复起诉的，人民法院不予受理。

第十五节　审判监督程序

【规则要点】

审判监督程序即再审，是指已经生效的判决书、裁定书、调解书，认为确有错误，对案件再行审理的程序。再审程序包括两个程序，即再审的启动程序与再审的审理程序。

【理解与适用】

一、审判监督程序的启动

依据民事诉讼法及相关司法解释的规定，审判监督程序可以分别基于人民法院和人民检察院的行为启动，当事人可以申请启动。

（一）人民法院启动再审

依据启动再审的法院不同，可以将人民法院启动再审程序分为本法院自行提起再审与上级人民法院和最高人民法院提起再审。

1. 本法院自行提起再审

各级人民法院院长对本院已经发生法律效力的判决书、裁定书、调解书，发现确有错误，认为需要再审的，应当提交审判委员会讨论决定。

2. 上级人民法院和最高人民法院提起再审

最高人民法院对地方各级人民法院已经发生法律效力的判决书、裁定书、调解书，上级人民法院对下级人民法院已经发生法律效力的判决书、裁定书、调解书，发现确有错误的，有权提审或者指令下级人民法院再审。

（二）当事人申请再审

1. 主体

申请再审的主体必须是原审案件中的当事人及其法定代理人。当事人死亡或者终止的，其权利义务的承继者可以依法申请再审。

判决书、调解书生效后，当事人将判决书、调解书确认的债权转让，债权受让人对该判决书、调解书不服的，不得申请再审。

2. 条件

（1）当事人认为已经发生法律效力的判决、裁定（包括不予受理、驳回起诉的裁定）有错误，有下列情形之一的，人民法院应当再审：

A. 有新的证据，足以推翻原判决、裁定的。再审申请人应当能够提供的新的证据证明原判决、裁定认定基本事实或者裁判结果错误，并能够向法院说明逾期提供证据的理由，否则将依法承担逾期举证的后果（具体参见本章第七节“民事诉讼证据与证明”）；

B. 原判决、裁定认定的基本事实缺乏证据证明的；

C. 原判决、裁定认定事实的主要证据是伪造的；

D. 原判决、裁定认定事实的主要证据未经质证的，但当事人对原判决、裁定认定事实的主要证据在原审中拒绝发表质证意见或者质证中未对证据发表质证意见的除外；

E. 对审理案件需要的主要证据，当事人因客观原因不能自行收集，书面申请人民法院调查收集，人民法院未调查收集的；

F. 原判决、裁定适用法律确有错误的，包括适用的法律与案件性质明显不符的、确定民事责任明显违背当事人约定或者法律规定的、适用已经失效或者尚未施行的法律的、违反法律溯及力规定的、违反法律适用规则的、明显违背立法原意的；

G. 审判组织的组成不合法或者依法应当回避的审判人员没有回避的；

H. 无诉讼行为能力人未经法定代理人代为诉讼或者应当参加诉讼的当事人，因不能归责于本人或者其诉讼代理人的事由，未参加诉讼的；

I. 违反法律规定，剥夺当事人辩论权利的，包括不允许当事人发表辩论意见的、应当开庭审理而未开庭审理的、违反法律规定送达起诉状副本或者上诉状副本，致使当事人无法行使辩论权利等违法剥夺当事人辩论权利的情形；

J. 未经传票传唤，缺席判决的；

K. 原判决、裁定遗漏或者超出诉讼请求的，包括一审诉讼请求、二审上诉请求，但当事人未对一审判决、裁定遗漏或者超出诉讼请求提起上诉的除外；

L. 据以作出原判决、裁定的法律文书被撤销或者变更的，包括发生法律效力的判决书、裁定书、调解书、仲裁裁决书以及具有强制执行效力的公证债权文书；

M. 审判人员审理该案件时有贪污受贿，徇私舞弊，枉法裁判行为，并已经由生效刑事法律文书或者纪律处分决定所确认。

（2）调解书违背自愿或合法原则的，当事人可以申请再审。

（3）对已经发生法律效力的解除婚姻关系的判决书、调解书，当事人不得申请再审。但是就离婚案件中的财产分割问题申请再审的，如涉及判决中已分割的财产，当事人可以申请，再审人民法院经审查后认定符合再审条件的，应当裁定再审；如涉及判决中未作处理的夫妻共同财产，应当告知当事人另行起诉。

（4）适用特别程序、督促程序、公示催告程序、破产程序等非讼程序审理的案件，当事人不得申请再审。

3. 管辖

当事人申请再审，应当向上一级人民法院提出。

当事人一方人数众多（包括公民、法人和其他组织）或者当事人双方（原告与被告）为公民的案件，也可以向原审人民法院申请再审；当事人分别向原审人民法院和上一级人民法院申请再审且不能协商一致的，由原审人民法院受理。

4. 申请期限

当事人申请再审，应当在判决书、裁定书、调解书生效之日起6个月内提出，但就以下4种情形，可以自知道或者应当知道之日起6个月内提出：（1）有新证据，足以推翻原判决、裁定；（2）原判决、裁定认定事实的主要证据是伪造的；（3）据以作出原判决的判决、裁定的法律文书被撤销或者变更的；（4）审判人员审理该案有贪污受贿、徇私舞弊、枉法裁判行为的。

5. 申请形式

依照司法解释的规定，当事人申请再审，应当提交下列材料：

（1）再审申请书，并应当记明下列事项：A. 再审申请人与被申请人及原审其他当事人的基本信息；B. 原审人民法院的名称，原审裁判文书案号；C. 具体的再审请求；D. 申请再审的法定情形及具体事实、理由。再审申请书应当明确申请再审的人民法院，并由再审申请人签名、捺印或者盖章，按照被申请人和原审其他当事人的人数提交副本；

（2）再审申请人是自然人的，应当提交身份证明；再审申请人是法人或者其他组织的，应当提交营业执照、法定代表人或者主要负责人身份证明书。委托他人代为申请的，应当提交授权委托书和代理人身份证明；

（3）原审判决书、裁定书、调解书；

（4）反映案件基本事实的主要证据及其他材料。

6. 申请效果

当事人申请再审不停止原判决、裁定的执行。

法院在收到再审申请书之日起3个月内审查，符合本法规定的，裁定再审；不符合本法规定的，裁定驳回申请。有特殊情况需要延长的，由本院院长批准。

7. 不予受理的情形

当事人申请再审，有下列情形之一的，人民法院不予受理：（1）再审申请被驳回后再次提出申请的；（2）对再审判决、裁定提出申请的；

(3) 在人民检察院对当事人的申请作出不予提出再审检察建议或者抗诉决定后又提出申请的。

8. 撤回申请

审查再审申请期间，再审申请人可以向人民法院请求撤回再审申请的，由人民法院裁定是否准许。再审申请人经传票传唤，无正当理由拒不接受询问的，可以按撤回再审申请处理。

人民法院准许撤回再审申请或者按撤回再审申请处理后，再审申请人再次申请再审的；不予受理，但有新的证据，足以推翻原判决、裁定的；原判决、裁定认定事实的主要证据是伪造的，据以作出原判决、裁定的法律文书被撤销或者变更的；或者审判人员审理该案件时有贪污受贿，徇私舞弊，枉法裁判行为的这几类情形，自知道或者应当知道之日起 6 个月内提出的除外。

9. 终结审查的情形

再审申请审查期间，有下列情形之一的，人民法院应当裁定终结审查：(1) 再审申请人死亡或者终止，无权利义务承继者或者权利义务承继者声明放弃再审申请的；(2) 在给付之诉中，负有给付义务的被申请人死亡或者终止，无可供执行的财产，也没有应当承担义务的人的；(3) 当事人达成和解协议且已履行完毕的，但当事人在和解协议中声明不放弃申请再审权利的除外；(4) 他人未经授权以当事人名义申请再审的；(5) 原审或者上一级人民法院已经裁定再审的；(6) 有上述不予受理的情形的。

(三) 人民检察院启动再审

1. 条件

(1) 对判决书、裁定书进行再审的条件与当事人申请再审第 1 个条件相同；

(2) 调解书损害国家利益、社会公共利益。

2. 启动方式

对于符合上述条件的判决书、裁定书、调解书，人民检察院根据其与作出相关法律文书法院间的级别关系可以分别通过抗诉与检察建议启动再审程序：

(1) 最高人民检察院对各级法院、上级检察院对下级法院符合上述条件的已经发生法律效力的判决书、裁定书、调解书应当依法提出抗诉；

(2) 地方各级检察院发现同级法院已经发生法律效力的判决书、裁定书、调解书符合上述条件的，可以向同级法院提出检察建议并报上级检察院备案，或者提请上级检察院向同级法院提出抗诉。

3. 抗诉和检察建议的法律效果

(1) 人民检察院提出抗诉的，接受抗诉的人民法院应当在收到抗诉书之日起30日内作出再审裁定。

(2) 人民检察院提出检察建议的，接受检察建议的人民法院应当组成合议庭，在3个月内审查，发现原判决书、裁定书、调解书确有错误，需要再审的，依法裁定再审；经审查，决定不予再审的，应当书面回复人民检察院。

4. 当事人申请人民检察院提出抗诉或检察建议

有下列情形之一的，当事人可以向人民检察院申请检察建议或者抗诉：(1) 人民法院驳回再审申请的；(2) 人民法院逾期未对再审申请作出裁定的；(3) 再审判决、裁定有明显错误的。

人民检察院对当事人的申请应当在3个月内进行审查，作出提出或者不予提出检察建议或者抗诉的决定。当事人不得再次向人民检察院申请检察建议或者抗诉。

二、审判监督程序的审理程序

(一) 审理法院

对于法院启动的再审，由作出生效法律文书的法院启动的，由该法院审理；上级法院启动的，由上级法院提审。

对于检察院启动的再审，原则上由接受抗诉的法院提审（再审法院是原生效法律文书的上级法院），但存在当事人申请再审第1个条件中A—E的，可以交给下级法院审理，下级法院已经再审审理过的除外。

对于当事人申请的再审，原则上由中级以上法院审理，但当事人依法选择向基层人民法院申请再审的除外。此外，因当事人申请而由最高人民法院、高级人民法院裁定再审的案件，由本院提审或者交由其他法院再审，也可以交由原审法院再审。

(二) 再审程序

1. 原判决、裁定执行的中止

对于按照审判监督程序决定再审的案件，人民法院应当裁定中止原判决书、裁定书、调解书的执行；情况紧急的，可以将中止执行裁定口头通知负责执行的人民法院，并在通知后10日内发出裁定书。

但对于追索赡养费、扶养费、抚育费、抚恤金、医疗费用、劳动报酬等案件，人民法院可以不中止执行。

2. 合议庭组成

对于再审案件，人民法院应当组成合议庭审理，原来是第一审的，按照第一审程序另行组成合议庭；原来是第二审的，或者是上级人民法院提审的，按照第二审程序另行组成合议庭。

3. 审理方式

人民法院审理再审案件应当组成合议庭开庭审理，但按照第二审程序审理，有特殊情况或者双方当事人已经通过其他方式充分表达意见，且书面同意不开庭审理的除外。对于符合缺席判决条件的，可以缺席判决。

人民法院开庭审理再审案件，应当按照下列情形分别进行：

（1）因当事人申请再审的，先由再审申请人陈述再审请求及理由，后由被申请人答辩、其他原审当事人发表意见；

（2）因抗诉再审的，先由抗诉机关宣读抗诉书，再由申请抗诉的当事人陈述，后由被申请人答辩、其他原审当事人发表意见；

（3）人民法院依职权再审，有申诉人的，先由申诉人陈述再审请求及理由，后由被申诉人答辩、其他原审当事人发表意见；

（4）人民法院依职权再审，没有申诉人的，先由原审原告或者原审上诉人陈述，后由原审其他当事人发表意见。

4. 适用程序

人民法院按照审判监督程序再审的案件，原生效裁判是第一审法院作出的，按照第一审程序审理，所作裁判可以上诉；原生效裁判是第二审法院作出的，或者上级法院按照审判监督程序提审的，按照第二审程序审理，所作裁判是终审裁判。

（三）再审范围

依据司法解释的规定，再审遵循再审范围有限原则，人民法院审理再审案件不超过再审申请或者抗诉范围，并对当事人的再审申请中超过原审诉讼请求的部分不予审理，符合另案起诉条件的，告知当事人另行起诉。

但是，人民法院经再审，发现已经发生法律效力的判决、裁定损害国家利益、社会公共利益、他人合法权益的，应当一并审理。

（四）再审案件的处理

1. 裁判再审案件的处理

人民法院对判决、裁定启动再审程序经过审理后，应当根据具体情况分别作出以下处理：

（1）对于原判决、裁定认定事实清楚、适用法律正确的，应予维持；原判决、裁定认定事实、适用法律虽有瑕疵，但裁判结果正确的，应当在再审判决、裁定中纠正瑕疵后予以维持。

（2）对于原判决、裁定认定事实、适用法律错误，导致裁判结果错误的，应当依法改判、撤销或者变更。

（3）人民法院按照第二审程序审理再审案件，发现原判决认定基本事实不清的，一般应当通过庭审认定事实后依法作出判决。但原审人民法院未对基本事实进行过审理的，可以裁定撤销原判决，发回重审。原判决认定事实错误的，上级人民法院不得以基本事实不清为由裁定发回重审。

此外，人民法院按照第二审程序审理再审案件，发现第一审人民法院有下列严重违反法定程序情形之一的，可以依法裁定撤销原判决，发回第一审人民法院重审：A. 原判决遗漏必须参加诉讼的当事人的；B. 无诉讼行为能力人未经法定代理人代为诉讼，或者应当参加诉讼的当事人，因不能归责于本人或者其诉讼代理人的事由，未参加诉讼的；C. 未经合法传唤缺席判决，或者违反法律规定剥夺当事人辩论权利的；D. 审判组织的组成不合法或者依法应当回避的审判人员没有回避的；E. 原判决、裁定遗漏诉讼请求的。

（4）按照第二审程序再审的案件，人民法院经审理认为不符合民事诉讼法规定的起诉条件或者符合民事诉讼法规定不予受理情形的，应当裁定撤销一、二审判决，驳回起诉。

2. 调解书再审案件的处理

人民法院对调解书裁定再审后，按照下列情形分别处理：（1）当事人提出的调解违反自愿原则的事由不成立，且调解书的内容不违反法律强制性规定的，裁定驳回再审申请；（2）人民检察院抗诉或者再审检察建议所主张的损害国家利益、社会公共利益的理由不成立的，裁定终结再审程序。对于出现上述情形，人民法院裁定中止执行的调解书需要继续执行的，自动恢复执行。

3. 小额诉讼案件再审的处理

小额诉讼案件实行一审终审，当事人不得上诉，但可以依法申请再审。当事人以本节当事人申请再审第1个条件规定的事由向原审人民法院申请再审的，人民法院应当受理。申请再审事由成立的，应当裁定再审，组成合议庭进行审理。作出的再审判决、裁定，当事人不得上诉。

当事人以不应按小额诉讼案件审理为由向原审人民法院申请再审的，人民法院应当受理。理由成立的，应当裁定再审，组成合议庭审理。作出的再审判决、裁定，当事人可以上诉。

（五）再审案件的调解

人民法院在审理再审案件时，可以进行调解。当事人经调解达成协议的，人民法院应当制作调解书。调解书经各方当事人签收后，即具有法律效力，原判决、裁定视为被撤销。部分当事人到庭并达成调解协议，其他当事人未作出书面表示的，人民法院应当在判决中对该事实作出表述；调解协议内容不违反法律规定，且不损害其他当事人合法权益的，可以在判决主文中予以确认。

（六）再审程序中的特殊处理

1. 裁定终结再审程序

依据司法解释的规定，再审审理期间，有下列情形之一的，可以裁定终结再审程序：（1）再审申请人在再审期间撤回再审请求，人民法院准许的；（2）再审申请人经传票传唤，无正当理由拒不到庭的，或者未经法庭许可中途退庭，按撤回再审请求处理的；（3）人民检察院撤回抗诉的；（4）再审申请人死亡或者终止，无权利义务承继者或者权利义务承继者声明放弃再审申请的；（5）在给付之诉中，负有给付义务的被申请人死亡或者终止，无可供执行的财产，也没有应当承担义务的人的；（6）当事人达成和解协议且已履行完毕的，但当事人在和解协议中声明不放弃申请再审权利的除外；（7）他人未经授权以当事人名义申请再审的。

因人民检察院提出抗诉裁定再审的案件，申请抗诉的当事人有上述规定的情形，且不损害国家利益、社会公共利益或者他人合法权益的，人民法院应当裁定终结再审程序。再审程序终结后，人民法院裁定中止执行的原生效判决自动恢复执行。

2. 一审原告申请撤诉

一审原告在再审审理程序中申请撤回起诉，经其他当事人同意，且不损害国家利益、社会公共利益、他人合法权益的，人民法院可以准许，并一并撤销原判决。一审原告在再审审理程序中撤回起诉后重复起诉的，人民法院不予受理。

（七）案外人申请再审及其特殊处理

除当事人可以申请再审外，案外人在法律规定的情况下也可以向人民法院申请再审，具体分为以下两种情况：

1. 对必须共同进行诉讼的当事人申请再审的处理

必须共同进行诉讼的当事人因不能归责于本人或者其诉讼代理人的事由未参加诉讼的，可以依法自知道或者应当知道之日起6个月内申请再审，但案件已经进入执行程序且案外人对执行的异议被驳回的除外。人民法院因前述规定的当事人申请而裁定再审，按照第一审程序再审的，应当追加其为当事人，作出新的判决、裁定；按照第二审程序再审，经调解不能达成协议的，应当撤销原判决、裁定，发回重审，重审时应追加其为当事人。

2. 对被裁定驳回执行异议的案外人申请再审的处理

案外人对驳回其执行异议的裁定不服，认为原判决书、裁定书、调解书内容错误损害其民事权益的，可以自执行异议裁定送达之日起6个月内，向作出原判决书、裁定书、调解书的人民法院申请再审。

人民法院裁定再审后，案外人属于必要的共同诉讼当事人，按照第一审程序再审的，应当追加其为当事人，作出新的判决、裁定；按照第二审程序再审，经调解不能达成协议的，应当撤销原判决、裁定，发回重审，重审时应追加其为当事人。

案外人不是必要的共同诉讼当事人的，人民法院仅审理原判决书、裁定书、调解书对其民事权益造成损害的内容。经审理，再审请求成立的，撤销或者改变原判决书、裁定书、调解书；再审请求不成立的，维持原判决书、裁定书、调解书。

【法条指引】

中华人民共和国民事诉讼法（节录）

第一百九十八条 各级人民法院院长对本院已经发生法律效力的判决、裁定、调解书，发现确有错误，认为需要再审的，应当提交审判委员会讨论决定。

最高人民法院对地方各级人民法院已经发生法律效力的判决、裁定、调解书，上级人民法院对下级人民法院已经发生法律效力的判决、裁定、调解书，发现确有错误的，有权提审或者指令下级人民法院再审。

第一百九十九条 当事人对已经发生法律效力的判决、裁定，认为有错误的，可以向上一级人民法院申请再审；当事人一方人数众多或者当事人双方为公民的案件，也可以向原审人民法院申请再审。当事人申请再审的，不停止判决、裁定的执行。

第二百零一条 当事人对已经发生法律效力的调解书，提出证据证明调解违反自愿原则或者调解协议的内容违反法律的，可以申请再审。经人民法院审查属实的，应当再审。

第二百零二条 当事人对已经发生法律效力的解除婚姻关系的判决、调解书，不得申请再审。

第二百零九条 有下列情形之一的，当事人可以向人民检察院申请检察建议或者抗诉：

（一）人民法院驳回再审申请的；

（二）人民法院逾期未对再审申请作出裁定的；

（三）再审判决、裁定有明显错误的。

人民检察院对当事人的申请应当在三个月内进行审查，作出提出或者不予提出检察建议或者抗诉的决定。当事人不得再次向人民检察院申请检察建议或者抗诉。

最高人民法院关于适用《中华人民共和国民事诉讼法》的解释（节录）

第四百零五条 人民法院审理再审案件应当围绕再审请求进行。当事人的再审请求超出原审诉讼请求的，不予审理；符合另案诉讼条件的，告知当事人可以另行起诉。

被申请人及原审其他当事人在庭审辩论结束前提出的再审请求，符合民事诉讼法第二百零五条规定的，人民法院应当一并审理。

人民法院经再审，发现已经发生法律效力的判决、裁定损害国家利益、社会公共利益、他人合法权益的，应当一并审理。

第四百一十条 一审原告在再审审理程序中申请撤回起诉，经其他当事人同意，且不损害国家利益、社会公共利益、他人合法权益的，人民法院可以准许。裁定准许撤诉的，应当一并撤销原判决。

一审原告在再审审理程序中撤回起诉后重复起诉的，人民法院不予受理。

第十六节 审判程序中的特殊情形

【规则要点】

本节阐释在审判程序中，法律规定的一些特殊情形。在这些特殊情形出现时，法院需要依法首先对其进行妥当的处理方得使审判活动正常有序。审判程序中的特殊情形包括当事人提出反诉、延期审理、诉讼中止及诉讼终结等。

【理解与适用】

一、反诉

反诉，是指在诉讼进行过程中，本诉的被告以本诉的原告为被告，向受理本诉的人民法院提出与本诉具有牵连关系的，目的在于抵销或者吞并本诉原告诉讼请求的独立的反请求。作为被告享有的重要的维护自身合法权益的诉讼权利，我国民事诉讼法及相关司法解释规定了反诉制度。

（一）反诉的主体

反诉由本诉被告向本诉原告提出，发生在本诉的当事人之间。

（二）提出反诉的时间

反诉通常在本诉一审中提出。当事人在一审中提出反诉的，应当在案件受理后，法庭辩论结束前向人民法院提出，对于可以合并审理的，人民法院应当合并审理。

当事人在二审中提出反诉的，人民法院可以根据自愿原则进行调解，调解不成的，告知原审被告另行起诉。如果双方当事人同意由第二审人民法院一并审理的，第二审人民法院可以一并裁判。

（三）提出反诉的条件

反诉应当与本诉具有牵连性，具体是指反诉与本诉的诉讼请求基于相同法律关系、诉讼请求之间具有因果关系，或者反诉与本诉的诉讼请求基于相同事实，对于符合条件的，人民法院应当合并审理。反诉应由其他人民法院专属管辖，或者与本诉的诉讼标的及诉讼请求所依据的事实、理由无关联的，裁定不予受理，告知另行起诉。

二、延期审理

延期审理，是指人民法院确定开庭审理期日后或者在进行开庭审理的过程中，由于发生某种特殊情况，使开庭审理无法按期或者继续进行，从而将开庭审理推延到下一期日的诉讼制度。依据民事诉讼法的规定，有下列情形之一的，可以延期开庭审理：（1）必须到庭的当事人和其他诉讼参与人有正当理由没有到庭的；（2）当事人临时提出回避申请的；（3）需要通知新的证人到庭，调取新的证据，重新鉴定、勘验，或者需要补充调查的；（4）其他应当延期的情形。

三、诉讼中止

诉讼中止，是指在诉讼程序进行过程中，由于出现一些法定特殊原因致使诉讼程序暂时难以继续进行，人民法院裁定暂停诉讼程序，等特殊原因消失以后再恢复诉讼程序的法律制度。依据民事诉讼法的规定，有下列情形之一的，中止诉讼：（1）一方当事人死亡，需要等待继承人表明是否参加诉讼的；（2）一方当事人丧失诉讼行为能力，尚未确定法定代理人的；（3）作为一方当事人的法人或者其他组织终止，尚未确定权利义务承受人的；（4）一方当事人因不可抗拒的事由，不能参加诉讼的；（5）本案必须以另一案的审理结果为依据，而另一案尚未审结的；（6）其他应当中止诉讼的情形。中止诉讼的原因消除后，恢复诉讼。

四、诉讼终结

诉讼终结，是指在诉讼进行过程中，因发生某种法定的特殊原因致使诉讼程序无法进行或者继续进行没有必要时，由人民法院裁定终止诉讼程序的法律制度。依照民事诉讼法的规定，有下列情形之一的，终结诉讼：（1）原告死亡，没有继承人，或者继承人放弃诉讼权利的；（2）被告死亡，没有遗产，也没有应当承担义务的人的；（3）离婚案件一方当事人死亡的；（4）追索赡养费、扶养费、抚育费以及解除收养关系案件的一方当事人死亡的。

【相关案例】

高某甲诉高某乙人格权纠纷案

高某甲就其与高某乙存在的人格权纠纷，诉至广东省江门市新会区人民法院以求解决争议。

本案在审理过程中，高某甲死亡。由于无法查明高某甲的继承人，故法院登报公告；而在指定的期限内没有任何人持有合法证明，以高某甲继承人的身份向法院表明愿意作为当事人参加诉讼。法院经审查认为：高某甲死亡，而且无法确定其继承人。依照民事诉讼法第151条、第154条之规定，裁定本案终结诉讼。

【法条指引】

中华人民共和国民事诉讼法（节录）

第五十一条 原告可以放弃或者变更诉讼请求。被告可以承认或者反驳诉讼请求，有权提起反诉。

第一百四十条 原告增加诉讼请求，被告提出反诉，第三人提出与本案有关的诉讼请求，可以合并审理。

第一百四十六条 有下列情形之一的，可以延期开庭审理：

（一）必须到庭的当事人和其他诉讼参与人有正当理由没有到庭的；

（二）当事人临时提出回避申请的；

（三）需要通知新的证人到庭，调取新的证据，重新鉴定、勘验，或者需要补充调查的；

（四）其他应当延期的情形。

第一百五十条 有下列情形之一的，中止诉讼：

（一）一方当事人死亡，需要等待继承人表明是否参加诉讼的；

（二）一方当事人丧失诉讼行为能力，尚未确定法定代理人的；

（三）作为一方当事人的法人或者其他组织终止，尚未确定权利义务承受人的；

（四）一方当事人因不可抗拒的事由，不能参加诉讼的；

（五）本案必须以另一案的审理结果为依据，而另一案尚未审结的；

（六）其他应当中止诉讼的情形。

中止诉讼的原因消除后，恢复诉讼。

第一百五十一条 有下列情形之一的，终结诉讼：

（一）原告死亡，没有继承人，或者继承人放弃诉讼权利的；

（二）被告死亡，没有遗产，也没有应当承担义务的人的；

（三）离婚案件一方当事人死亡的；

（四）追索赡养费、扶养费、抚育费以及解除收养关系案件的一方当事人死亡的。

第十七节 特别程序

【规则要点】

特别程序，是指民事诉讼法规定的用来审理和解决某些特殊类型案件的审判程序的总称。这些特殊案件包括选民资格案件，宣告失踪、死亡案件，认定公民无民事行为能力、限制民事行为能力案件，认定财产无主案件，确认调解协议效力案件，实现担保物权案件6种。

【理解与适用】

一、特别程序概述

（一）适用程序

特别程序案件由基层人民法院管辖，实行一审终审制，其中仅选民资格案件或其他重大疑难案件由审判员组成合议庭审理，其余均由审判员一人独任审理。

（二）审限

对于适用特别程序审理的案件，人民法院应当在立案之日起30日内或者公告期满后30日内审结。有特殊情况需要延长的，由本院院长批准。但审理选民资格的案件除外。

（三）救济

适用特别程序作出的判决、裁定，当事人、利害关系人认为有错误的，可以向作出该判决、裁定的人民法院提出异议。人民法院经审查，异议成立或者部分成立的，作出新的判决、裁定撤销或者改变原判决、裁定；异议不成立的，裁定驳回。

二、选民资格案件

（一）起诉条件

选民资格案件，是指公民对选举委员会公布的选民名单不认同，向选举委员会申诉后，对选举委员会的处理决定不服，向人民法院提起诉讼的案件。依据《中华人民共和国全国人民代表大会和地方各级人民代表大会选举法》的规定，选举委员会应当在选举日的20日以前公布选民名单，对于公布的选民名单有不同意见的，可以在选民名单公布之日起5日内向选举委员会提出申诉。选举委员会对申诉意见，应在3日内作出处理决定。申诉人如果对处理决定不服，可以在选举日的5日以前向人民法院起诉，由此产生的案件即为选民资格案件。

应当注意的是，这里的起诉人可以是与本案有直接利害关系的公民，也可以是与本案无直接利害关系但对选民名单有异议的公民。

（二）管辖

选民资格案件由不服选委会处理的选民所在选区的基层人民法院管辖。

（三）处理

人民法院受理选民资格案件后，必须在选举日前审结。审理时，起诉人、选举委员会的代表和有关公民必须参加。

人民法院的判决书，应当在选举日前送达选举委员会和起诉人，并通知有关公民。

三、宣告失踪、死亡案件

宣告失踪、死亡案件，是指公民离开自己的住所地下落不明，已过法律规定的期限仍无音讯，经利害关系人申请，人民法院宣告该公民失踪或死亡的案件。

（一）申请条件

依照民事诉讼法及相关司法解释的规定，公民下落不明满2年，利害关系人申请宣告其失踪的，可以向人民法院书面申请宣告失踪；公民下落不明满4年，或者因意外事故下落不明满2年，或者因意外事故下落不明，经有关机关证明该公民不可能生存，利害关系人申请宣告其死亡的，可以向人民法院书面申请宣告死亡。申请书应当写明下落不明的事实、时间和请求，并附有公安机关或者其他有关机关关于该公民下落不明的书面证明。

人民法院已经判决宣告公民失踪，利害关系人向人民法院申请宣告失踪人死亡，自失踪之日起满4年的，人民法院应当受理，宣告失踪的判决即是该公民失踪的证明。

（二）管辖

宣告失踪、死亡案件由下落不明人基层住所地人民法院管辖。

（三）公告

人民法院受理宣告失踪、死亡案件后，应当发出寻找下落不明人的公告。宣告失踪的公告期间为3个月，宣告死亡的公告期间为1年。因意外事故下落不明，经有关机关证明该公民不可能生存的，宣告死亡的公告期间为3个月。

公告期间届满，人民法院应当根据被宣告失踪、死亡的事实是否得到确认，作出宣告失踪、死亡的判决或者驳回申请的判决。

（四）下落不明人财产管理

在宣告失踪或者宣告死亡案件中，申请人可以请求人民法院清理下落不明人的财产，并指定案件审理期间的财产管理人。公告期满后，人民法院判决宣告失踪的，应当同时依法指定失踪人的财产代管人。

人民法院指定失踪人的财产代管人后，代管人可以向人民法院申请变更代管；失踪人的其他利害关系人也可以以原指定的代管人为被告起诉申请变更代管。

（五）撤回申请

人民法院受理宣告失踪、死亡案件后，作出判决前，申请人可以撤回申请。申请人撤回申请的，人民法院应当裁定终结案件，但其他符合法律规定的利害关系人加入程序要求继续审理的除外。

（六）判决的撤销

被宣告失踪、死亡的公民重新出现，经本人或者利害关系人申请，人民法院应当作出新判决，撤销原判决。

四、认定公民无民事行为能力、限制民事行为能力案件

认定公民无民事行为能力、限制民事行为能力案件，是指人民法院根据利害关系人的申请，对不能辨认自己行为或者不能完全辨认自己行为的人，按照法定程序，认定并宣告该公民为无民事行为能力人或者限制民事行为能力人的案件。

（一）申请条件

申请认定公民无民事行为能力或者限制民事行为能力，由其近亲属或者其他利害关系人书面向人民法院提出。申请书应当写明该公民无民事行为能力或者限制民事行为能力的事实和根据。

（二）管辖

认定公民无民事行为能力、限制民事行为能力案件由被申请人住所地基层人民法院管辖。

应当注意的是，在诉讼中，当事人的利害关系人提出该当事人患有精神病，向法院申请要求宣告该当事人无民事行为能力、限制民事行为能力的，由受诉人民法院按照特别程序立案审理，原诉讼中止。

（三）鉴定

人民法院受理申请后，必要时应当对被请求认定为无民事行为能力或者限制民事行为能力的公民进行鉴定。申请人已提供鉴定意见的，应当对

鉴定意见进行审查。

（四）选定代理人

人民法院审理认定公民无民事行为能力、限制民事行为能力案件，应当由该公民的近亲属为代理人（申请人除外）。近亲属互相推诿的，由人民法院指定其中1人为代理人。该公民健康情况许可的，还应当询问本人的意见。

（五）判决

经审理，人民法院能认定申请有事实根据的，判决该公民为无民事行为能力人或者限制民事行为能力人；认定申请没有事实根据的，应当判决予以驳回。

（六）判决的撤销

人民法院根据被认定为无民事行为能力人、限制民事行为能力人或者他的监护人的申请，证实该公民无民事行为能力或者限制民事行为能力的原因已经消除的，应当作出新判决，撤销原判决。

五、认定财产无主案件

认定财产无主案件，是指人民法院根据公民、法人或者其他组织的申请，依照法定程序查明属实后作出判决，将归属不明的财产认定为无主财产，并将其收归国家或集体所有的案件。

（一）申请条件

认定财产无主，由公民、法人或者其他组织书面向人民法院提出。申请书应当写明财产的种类、数量以及要求认定财产无主的根据。

（二）管辖

认定财产无主案件由财产所在地的基层人民法院管辖。

（三）公告

人民法院受理认定财产无主案件的申请后，应当进行审查，经审查核实，应当发出财产认领公告。公告满1年无人认领的，人民法院判决认定财产无主，收归国家或者集体所有；公告期间有人对财产提出请求的，人民法院应当裁定终结特别程序，告知申请人另行起诉，适用普通程序审理。

（四）判决的撤销

判决认定财产无主后，原财产所有人或者继承人出现的，其可以在诉讼时效期间内对财产提出请求，人民法院审查属实后，应当作出新判决，撤销原判决。

六、确认调解协议效力案件

确认调解协议效力案件，是指人民法院根据调解协议当事人的申请，对调解协议是否符合法律规定进行审查，并作出调解协议是否有效的裁定的案件。

（一）申请条件

申请司法确认调解协议，由双方当事人依法自调解协议生效之日起30日内，以口头或者书面形式共同向人民法院提出，并向人民法院提交调解协议、调解组织主持调解的证明，以及与调解协议相关的财产权利证明等材料，还须提供双方当事人的身份、住所、联系方式等基本信息。

（二）管辖

确认调解协议效力案件由调解组织所在地的基层人民法院管辖。

两个以上调解组织参与调解的，各调解组织所在地基层人民法院均有管辖权。双方当事人可以共同向其中一个调解组织所在地基层人民法院提出申请；双方当事人共同向两个以上调解组织所在地基层人民法院提出申请的，由最先立案的人民法院管辖。

（三）不予受理的情形

当事人申请司法确认调解协议，有下列情形之一的，人民法院裁定不予受理：（1）不属于人民法院受理范围的；（2）不属于收到申请的人民法院管辖的；（3）申请确认婚姻关系、亲子关系、收养关系等身份关系无效、有效或者解除的；（4）涉及适用其他特别程序、公示催告程序、破产程序审理的；（5）调解协议内容涉及物权、知识产权确权的。人民法院受理申请后，发现有上述不予受理情形的，应当裁定驳回当事人的申请。

（四）处理与救济

1. 经审查符合规定的，裁定调解协议有效，一方不履行，对方当事人可以申请强制执行。当事人对该裁定不服的，可以在收到裁定之日起15日内提出异议，利害关系人对该裁定不服的，可以在知道或者应当知道权益受损之日起6个月内提出异议。

2. 经审查，调解协议有下列情形之一的，人民法院应当裁定驳回申请：（1）违反法律强制性规定的；（2）损害国家利益、社会公共利益、他人合法权益的；（3）违背公序良俗的；（4）违反自愿原则的；（5）内容不明确的；（6）其他不能进行司法确认的情形。当事人可以通过变更或重新达成调解协议，或向人民法院起诉等方式解决纠纷。

（五）申请的撤回

确认调解协议的裁定作出前，当事人撤回申请的，人民法院可以裁定准许。当事人无正当理由未在限期内补充陈述、补充证明材料或者拒不接受询问的，人民法院可以按撤回申请处理。

七、实现担保物权案件

实现担保物权案件，是指在设定了担保物权的债权债务关系中，担保物权人或者其他有权请求实现担保物权的人，请求人民法院拍卖、变卖担保财产的案件。

（一）申请条件

申请实现担保物权，由担保物权人以及其他有权请求实现担保物权的人依法向人民法院提出。其中，担保物权人包括抵押权人、质权人、留置权人；其他有权请求实现担保物权的人包括抵押人、出质人、财产被留置的债务人或者所有权人等。

申请实现担保物权，应当提交下列材料：（1）申请书。申请书应当记明申请人、被申请人的姓名或者名称、联系方式等基本信息，具体的请求和事实、理由；（2）证明担保物权存在的材料，包括主合同、担保合同、抵押登记证明或者他项权利证书，权利质权的权利凭证或者质权出质登记证明等；（3）证明实现担保物权条件成就的材料；（4）担保财产现状的说明；（5）人民法院认为需要提交的其他材料。

（二）管辖

实现担保物权案件由担保财产所在地或者担保物权登记地基层人民法院管辖。此外，实现票据、仓单、提单等有权利凭证的权利质权案件，可以由权利凭证持有人住所地人民法院管辖；无权利凭证的权利质权，由出质登记地人民法院管辖。

实现担保物权案件属于海事法院等专门人民法院管辖的，由专门人民法院管辖。

（三）审查

实现担保物权案件可以由审判员一人独任审查。担保财产标的额超过基层人民法院管辖范围的，应当组成合议庭进行审查。

（四）保全

人民法院受理申请后，申请人可以依照诉讼保全的规定对担保财产提出保全申请，符合条件的，人民法院应予准许。

（五）处理与救济

人民法院对实现担保物权的申请进行审查后，按下列情形分别处理：

1. 当事人对实现担保物权无实质性争议且实现担保物权条件成就的，裁定准许拍卖、变卖担保财产；

2. 当事人对实现担保物权有部分实质性争议的，可以就无争议部分裁定准许拍卖、变卖担保财产；

3. 当事人对实现担保物权有实质性争议的，裁定驳回申请，并告知申请人向人民法院提起诉讼。

对于准许拍卖、变卖担保财产的裁定，当事人有异议的，应当自收到裁定之日起15日内提出；利害关系人有异议的，自知道或者应当知道其民事权益受到侵害之日起6个月内提出。

对于驳回申请的裁定，当事人可以通过诉讼等其他方式解决纠纷。

【相关案例】

吴某某、李某某申请确定监护人民事判决书

李某某与吴某甲系夫妻关系，二人婚后共育有4个子女，分别是吴某乙、吴某丙、吴某丁、吴某某。吴某丙与吴某甲先后于本案申请前去世。李某某年老后，精神状态、身体素质均不佳，并于2012年经天津医科大学司法鉴定中心检查确认为无完全民事行为能力人。吴某某遂向天津市河西区人民法院提出申请：（1）宣告被申请人李某某为无民事行为能力人；（2）指定被申请人代理人吴某乙为被申请人李某某的监护人。

其后，法院依申请人吴某某申请，委托天津市安定精神疾病司法鉴定所对被申请人李某某民事行为能力状况进行鉴定。经鉴定，被申请人李某某无民事行为能力。案件审理过程中，吴某乙、吴某丁、吴某某均表示同

意指定申请人吴某乙担任被申请人李某某的监护人。

法院认为，依照民事诉讼法的规定，无民事行为能力或者限制民事行为能力的成年人，由下列有监护能力的人按顺序担任监护人：(1) 配偶；(2) 父母、子女；(3) 其他近亲属；(4) 其他愿意担任监护人的个人或者组织，但须经被监护人住所地的居民委员会、村民委员会或者民政部门同意；依法具有监护人资格的人之间可以协议确定监护人；认定监护人监护能力，应当根据监护人的身体健康状况、经济条件，以及与被监护人在生活上的联系状况等因素确定。综合考虑本案中被申请人子女情况以及与被申请人在生活上的联系等因素，指定吴某乙为被申请人的监护人。综上，依法判决支持申请人的全部请求。

【法条指引】

中华人民共和国民事诉讼法（节录）

第一百七十七条 人民法院审理选民资格案件、宣告失踪或者宣告死亡案件、认定公民无民事行为能力或者限制民事行为能力案件、认定财产无主案件、确认调解协议案件和实现担保物权案件，适用本章规定。本章没有规定的，适用本法和其他法律的有关规定。

第一百七十八条 依照本章程序审理的案件，实行一审终审。选民资格案件或者重大、疑难的案件，由审判员组成合议庭审理；其他案件由审判员一人独任审理。

第一百八十条 人民法院适用特别程序审理的案件，应当在立案之日起三十日内或者公告期满后三十日内审结。有特殊情况需要延长的，由本院院长批准。但审理选民资格的案件除外。

第一百八十三条 公民下落不明满二年，利害关系人申请宣告其失踪的，向下落不明人住所地基层人民法院提出。

申请书应当写明失踪的事实、时间和请求，并附有公安机关或者其他有关机关关于该公民下落不明的书面证明。

第一百八十四条 公民下落不明满四年，或者因意外事故下落不明满二年，或者因意外事故下落不明，经有关机关证明该公民不可能生存，利害关系人申请宣告其死亡的，向下落不明人住所地基层人民法院提出。

申请书应当写明下落不明的事实、时间和请求，并附有公安机关或者其他有关机关关于该公民下落不明的书面证明。

第一百八十七条 申请认定公民无民事行为能力或者限制民事行为能力，由其近亲属或者其他利害关系人向该公民住所地基层人民法院提出。

申请书应当写明该公民无民事行为能力或者限制民事行为能力的事实和根据。

第一百八十八条 人民法院受理申请后，必要时应当对被请求认定为无民事行为能力或者限制民事行为能力的公民进行鉴定。申请人已提供鉴定意见的，应当对鉴定意见进行审查。

第一百八十九条 人民法院审理认定公民无民事行为能力或者限制民事行为能力的案件，应当由该公民的近亲属为代理人，但申请人除外。近亲属互相推诿的，由人民法院指定其中一人为代理人。该公民健康情况许可的，还应当询问本人的意见。

人民法院经审理认定申请有事实根据的，判决该公民为无民事行为能力或者限制民事行为能力人；认定申请没有事实根据的，应当判决予以驳回。

第一百九十一条 申请认定财产无主，由公民、法人或者其他组织向财产所在地基层人民法院提出。

申请书应当写明财产的种类、数量以及要求认定财产无主的根据。

第一百九十二条 人民法院受理申请后，经审查核实，应当发出财产认领公告。公告满一年无人认领的，判决认定财产无主，收归国家或者集体所有。

第一百九十四条 申请司法确认调解协议，由双方当事人依照人民调解法等法律，自调解协议生效之日起三十日内，共同向调解组织所在地基层人民法院提出。

第一百九十六条 申请实现担保物权，由担保物权人以及其他有权请求实现担保物权的人依照物权法等法律，向担保财产所在地或者担保物权登记地基层人民法院提出。

第一百九十七条 人民法院受理申请后，经审查，符合法律规定的，裁定拍卖、变卖担保财产，当事人依据该裁定可以向人民法院申请执行；不符合法律规定的，裁定驳回申请，当事人可以向人民法院提起诉讼。

第十八节　督促程序

【规则要点】

督促程序，是指债权人请求人民法院向债务人发出支付令，督促债务人履行给付金钱或者有价证券的特殊审判程序。该程序是督促债务人尽快清偿债务的一种简便迅速的程序。

【理解与适用】

一、支付令的申请与受理

（一）申请支付令的条件

依据民事诉讼法及相关司法解释的规定，债权人申请支付令应当提交申请书，写明请求给付金钱或者有价证券的数量和所根据的事实、证据，并需要具备以下条件：（1）请求给付金钱或者汇票、本票、支票、股票、债券、国库券、可转让的存款单等有价证券；（2）请求给付的金钱或者有价证券已到期且数额确定，并写明了请求所根据的事实、证据；（3）债权人没有给付义务；（4）债务人在我国境内未下落不明；（5）支付令能够送达债务人；（6）收到申请书的人民法院有管辖权；（7）债权人未向人民法院申请诉前保全。

对于符合上述条件的，人民法院应当受理，并在收到支付令申请书后5日内通知债权人；不符合上述条件的，人民法院应当在收到支付令申请书后5日内通知债权人不予受理。

（二）管辖

申请支付令的案件由债务人住所地的基层人民法院管辖，而且其管辖该类案件不受债权金额的限制。

两个以上人民法院都有管辖权的，债权人可以向其中一个基层人民法院申请支付令。债权人向两个以上有管辖权的基层人民法院申请支付令的，由最先立案的人民法院管辖。

二、支付令的审查与处理

人民法院受理支付令的申请后，由审判员一人进行审查。经审查，债权人提供的事实、证据，债权债务关系明确、合法的，应当在受理之日起15日内向债务人发出支付令。债务人应当自收到支付令之日起15日内清偿债务，或者向人民法院提出书面异议。债务人在上述规定的期间不提出异议又不履行支付令的，债权人可以向人民法院申请执行。

审判员在审查过程中发现支付令申请不符合受理条件的，应当在受理之日起15日内裁定驳回申请，具体包括以下情形：（1）申请人不具备当事人资格的；（2）给付金钱或者有价证券的证明文件没有约定逾期给付利息或者违约金、赔偿金，债权人坚持要求给付利息或者违约金、赔偿金的；（3）要求给付的金钱或者有价证券属于违法所得的；（4）要求给付的金钱或者有价证券尚未到期或者数额不确定的。

三、债务人异议与督促程序的终结

（一）债务人异议

债务人对支付令有不同意见的，可以在法定期间内提出异议。

1. 条件

依照民事诉讼法及相关司法解释的规定，债务人对支付令提出异议应当符合以下条件：

（1）债务人的异议必须是针对支付令所确定的债务本身提出。债务人对债务本身没有异议，只是提出缺乏清偿能力、延缓债务清偿期限、变更债务清偿方式等异议的，不影响支付令的效力。

（2）债务人的异议必须自收到支付令之日起15日内提出。

（3）债务人的异议必须向发出支付令的人民法院提出。债务人在收到支付令后，未在法定期间向发出支付令的人民法院提出书面异议，而向其他人民法院起诉的，不影响支付令的效力。

（4）支付令异议必须以书面形式提出。以口头形式提出的支付令异议无效。

2. 效力

人民法院收到债务人提出的书面异议后应当进行审查。经审查，异议成立的，应当裁定终结督促程序，支付令自行失效。

3. 异议的撤回

人民法院作出终结督促程序或者驳回异议裁定前，债务人可以撤回异议。债务人请求撤回异议的，人民法院应当裁定准许，但债务人不得就其撤回行为反悔。

（二）督促程序终结

依据司法解释的规定，有下列情形之一的，人民法院应当裁定终结督促程序，已发出支付令的，支付令自行失效：（1）人民法院受理支付令申请后，债权人就同一债权债务关系又提起诉讼的；（2）人民法院发出支付令之日起30日内无法送达债务人的；（3）债务人收到支付令前，债权人撤回申请的。

四、诉讼程序的启动

为了节省成本，方便当事人通过公权力维护自己的合法权益，民事诉讼法及相关司法解释规定了督促程序与诉讼程序的衔接制度。依据法律规定，经债务人异议成立，支付令失效后，案件自动转入诉讼程序。申请支付令的一方当事人自收到终结督促程序裁定之日起7日内未向受理申请的人民法院表明不同意提起诉讼的，视为向受理申请的人民法院起诉。债权人提出支付令申请的时间，即为向人民法院起诉的时间。

申请支付令的一方当事人不同意提起诉讼的，应当自收到终结督促程序裁定之日起7日内向受理申请的人民法院提出。根据处分原则，诉讼程序不启动。但是，申请支付令的一方当事人不同意提起诉讼的，不影响其向其他有管辖权的人民法院提起诉讼。

【风险提示】

1. 债务人对支付令的异议应当严格遵循法律规定的条件，否则将不能产生预期效力。

2. 支付令失效后，债权人如不愿意就该债权债务关系通过诉讼程序审理，应该及时向受理支付令的法院提出申请，以免因诉讼程序的启动造成不必要的损失。

【相关案例】

田某某与湖南正虹科技发展股份有限公司买卖合同纠纷支付令案

湖南正虹科技发展股份有限公司（简称“正虹公司”）于2017年9月27日向湖南省屈原管理区人民法院申请支付令。申请人声称，2004年5月15日至2006年6月19日期间，被申请人与申请人签订合作发展生猪合同5份，已有4份合同履行完毕，尚有1份合同中货款3636元被申请人未全部清偿。要求被申请人田某某给付申请人正虹公司货款人民币3636元。

法院经审查认为，申请人的申请符合民事诉讼法规定的条件。遂依法发出如下支付令：被申请人田某某应当自收到本支付令之日起15日内，给付申请人正虹公司饲料款人民币3636元。被申请人如有异议，应当自收到本支付令之日起15日内向法院书面提出；逾期不提出书面异议的，本支付令即发生法律效力。

【法条指引】

中华人民共和国民事诉讼法（节录）

第二百一十四条 债权人请求债务人给付金钱、有价证券，符合下列条件的，可以向有管辖权的基层人民法院申请支付令：

（一）债权人与债务人没有其他债务纠纷的；

（二）支付令能够送达债务人的。

申请书应当写明请求给付金钱或者有价证券的数量和所根据的事实、证据。

第二百一十五条 债权人提出申请后，人民法院应当在五日内通知债权人是否受理。

第二百一十六条 人民法院受理申请后，经审查债权人提供的事实、证据，对债权债务关系明确、合法的，应当在受理之日起十五日内向债务人发出支付令；申请不成立的，裁定予以驳回。

债务人应当自收到支付令之日起十五日内清偿债务，或者向人民法院提出书面异议。

债务人在前款规定的期间不提出异议又不履行支付令的，债权人可以向人民法院申请执行。

第二百一十七条 人民法院收到债务人提出的书面异议后，经审查，异议成立的，应当裁定终结督促程序，支付令自行失效。

支付令失效的，转入诉讼程序，但申请支付令的一方当事人不同意提起诉讼的除外。

第十九节 公示催告程序

【规则要点】

公示催告程序，是指人民法院根据当事人的申请，以公告的方法，告知并催促不明确的利害关系人在一定期限内申报权利，到期无人申报权利的，根据申请人的申请依法作出除权判决的程序。该程序可以分为公示催告与除权判决两个阶段。

【理解与适用】

一、申请程序

（一）申请条件

依据民事诉讼法及相关司法解释的规定，按照规定可以背书转让的票据持有人的票据被盗、遗失或者灭失，或者出现法律规定的其他可以适用公示催告程序的情形时，票据或其他事项最后的持有人可以向人民法院书面申请公示催告。申请书应当写明票面金额、发票人、持票人、背书人等票据主要内容和申请的理由、事实。

（二）管辖

公示催告案件由票据支付地的基层人民法院管辖。

（三）撤回申请

公示催告申请人可以在公示催告前撤回申请，人民法院应予准许；公示催告期间申请撤回的，人民法院可以径行裁定终结公示催告程序。

二、审理程序

（一）审查申请

人民法院收到公示催告的申请后，应当立即适用独任制或合议制进行审查，并决定是否受理。经审查认为符合受理条件的，通知予以受理；认为不符合受理条件的，7 日内裁定驳回申请。

（二）止付通知

人民法院决定受理申请，应当同时通知支付人停止支付。

支付人收到人民法院停止支付的通知，应当停止支付，至公示催告程序终结。支付人拒不止付的，需要承担妨害司法程序的法律责任并不免除票据支付责任。

（三）公示催告

人民法院决定受理申请的，应当在 3 日内发出公告，催促利害关系人申报权利。公示催告的期间，由人民法院根据情况决定，但不得少于 60 日，且期间届满日不得早于票据付款日后 15 日。公示催告期间，转让票据权利的行为无效。

（四）权利申报

利害关系人可以在除权判决作出前向人民法院申报权利，人民法院应当通知其向法院出示票据，并通知公示催告申请人在指定的期间查看该票据。公示催告申请人申请公示催告的票据与利害关系人出示的票据一致的，申报成立，法院应当裁定终结公示催告程序，申请人和申报人可以通过诉讼等方式解决纠纷；公示催告申请人申请公示催告的票据与利害关系人出示的票据不一致的，法院应当裁定驳回利害关系人的申报。

（五）除权判决

在公示催告期间无人申报权利，或者申报被驳回的，申请人可以自公示催告期间届满之日起 1 个月内向人民法院申请作出除权判决，否则，人民法院将终结公示催告程序。

法院应当组成合议庭对除权判决申请进行审理，符合条件的，根据申请人的申请宣告票据无效，并应当公告判决。自判决公告之日起，申请人有权向支付人请求支付。支付人拒不支付的，申请人有权以支付人为被告提起诉讼。

三、救济

由于公示催告制度只是对票据权利人作出一种推定，并不确定是完全真实的，因此可能会与事实不符。为保护利害关系人的权益，民事诉讼法规定了利害关系人的救济制度，利害关系人因正当理由不能在判决前向人民法院申报的，自知道或者应当知道判决公告之日起 1 年内，可以向作出判决的人民法院起诉。上述正当理由包括：

1. 因发生意外事件或者不可抗力致使利害关系人无法知道公告事实的；

2. 利害关系人因被限制人身自由而无法知道公告事实，或者虽然知道公告事实，但无法自己或者委托他人代为申报权利的；

3. 不属于法定申请公示催告情形的；

4. 未予公告或者未按法定方式公告的；

5. 其他导致利害关系人在判决作出前未能向人民法院申报权利的客观事由。

【相关案例】

涿州市亚赛特塑料制品有限责任公司申请宣告某承兑汇票无效案

申请人涿州市亚赛特塑料制品有限责任公司向河北省涿州市人民法院申请宣告某承兑汇票无效。法院受理本案后，依法于 2017 年 2 月 13 日发出公告，催促利害关系人在60 日内申报权利。

公示催告期间，无人向该法院提出申报。该法院遂依照民事诉讼法第220 条的规定，判决如下：（1）宣告号码为“10xxx23061384”的承兑汇票以及号码为“10xxx24588895”的承兑汇票无效；（2）自本判决公告之日起，申请人有权向支付人请求支付。

【法条指引】

中华人民共和国民事诉讼法（节录）

第二百一十八条 按照规定可以背书转让的票据持有人，因票据被盗、遗失或者灭失，可以向票据支付地的基层人民法院申请公示催告。依照法律规定可以申请公示催告的其他事项，适用本章规定。

申请人应当向人民法院递交申请书，写明票面金额、发票人、持票人、背书人等票据主要内容和申请的理由、事实。

第二百一十九条　人民法院决定受理申请，应当同时通知支付人停止支付，并在三日内发出公告，催促利害关系人申报权利。公示催告的期间，由人民法院根据情况决定，但不得少于六十日。

第二百二十条　支付人收到人民法院停止支付的通知，应当停止支付，至公示催告程序终结。

公示催告期间，转让票据权利的行为无效。

第二百二十一条　利害关系人应当在公示催告期间向人民法院申报。

人民法院收到利害关系人的申报后，应当裁定终结公示催告程序，并通知申请人和支付人。

申请人或者申报人可以向人民法院起诉。

第二百二十二条　没有人申报的，人民法院应当根据申请人的申请，作出判决，宣告票据无效。判决应当公告，并通知支付人。自判决公告之日起，申请人有权向支付人请求支付。

第二百二十三条　利害关系人因正当理由不能在判决前向人民法院申报的，自知道或者应当知道判决公告之日起一年内，可以向作出判决的人民法院起诉。

最高人民法院关于适用《中华人民共和国民事诉讼法》的解释（节录）

第四百四十八条　公告应当在有关报纸或者其他媒体上刊登，并于同日公布于人民法院公告栏内。人民法院所在地有证券交易所的，还应当同日在该交易所公布。

第二十节　执行制度

【规则要点】

对于法律规定的生效并具有执行力的法律文书，除依靠义务人的自觉、主动履行外，尚须建立有关制度，在该义务人拒绝履行义务时强制其履行，该制度即为执行制度。依照法律规定，法院的执行机构有权依照法定程序，对生效的法律文书确定的给付内容，以国家强制力为后盾，依法采取强制措施，迫使义务人履行义务。由于执行并不解决纠纷，所以不适用辩论原则，也不适用调解制度。

【理解与适用】

一、执行根据

执行根据是法院据以执行的生效法律文书，其中列明的权利义务主体及给付内容均应明确。若该法律文书确定继续履行合同，应当明确继续履行的具体内容。依据民事诉讼法及相关司法解释的规定，以下法律文书可以作为执行根据：(1) 人民法院民事、行政判决书、裁定书、调解书，民事制裁决定、支付令，以及刑事附带民事判决书、裁定书、调解书；(2) 依法应由人民法院执行的行政处罚决定、行政处理决定；(3) 我国仲裁机构作出的仲裁裁决书和调解书；人民法院依据《中华人民共和国仲裁法》有关规定作出的财产保全和证据保全裁定；(4) 公证机关依法赋予强制执行效力的关于追偿债款、物品的债权文书；(5) 经人民法院裁定承认其效力的外国法院作出的判决、裁定，以及国外仲裁机构作出的仲裁裁决；(6) 法律规定由人民法院执行的其他法律文书。

二、执行管辖

(一) 管辖的确定

依据民事诉讼法及相关司法解释的规定，不同的执行根据依照不同的规则确定执行管辖法院：(1) 发生法律效力的民事判决、裁定，以及刑事判决、裁定中的财产部分，由第一审人民法院或者与第一审人民法院同级的被执行的财产所在地人民法院执行；(2) 发生法律效力的实现担保物权裁定、确认调解协议裁定、支付令，由作出裁定、支付令的人民法院或者与其同级的被执行财产所在地的人民法院执行；(3) 认定财产无主的判决，由作出判决的人民法院将无主财产收归国家或者集体所有；(4) 法律规定由人民法院执行的其他法律文书，由被执行人住所地或者被执行的财产所在地人民法院执行。申请执行人向被执行的财产所在地人民法院申请执行的，应当提供该人民法院辖区有可供执行财产的证明材料。

两个以上人民法院都有管辖权的，当事人可以向其中一个人民法院申请执行；当事人向两个以上人民法院申请执行的，由最先立案的人民法院管辖。后立案的人民法院应当撤销案件；已经采取执行措施的，应当将控制的财产交先立案的执行法院处理。

对人民法院采取财产保全措施的案件，申请执行人向采取保全措施的人民法院以外的其他有管辖权的人民法院申请执行的，采取保全措施的人民法院应当将保全的财产交执行法院处理。

此外，在特定的情况下，人民法院可以依法通过裁定的方式确定案件的管辖法院。

（二）管辖的异议

人民法院受理执行申请后，当事人对管辖权有异议的，可以向该院提出异议。当事人提出执行管辖异议的，应当自收到执行通知书之日起10日内提出。人民法院对当事人提出的异议，应当审查。异议成立的，应当撤销执行案件，并告知当事人向有管辖权的人民法院申请执行；异议不成立的，裁定驳回。当事人对裁定不服的，可以向上一级人民法院申请复议。管辖权异议审查和复议期间，不停止执行。

（三）变更管辖法院

为了保护当事人权利，防止法院拖延执行，人民法院自收到申请执行书之日起超过6个月未执行的，申请执行人可以向上一级人民法院申请执行。上一级人民法院经审查，可以责令原人民法院在一定期限内执行，也可以决定由本院执行或者指令其他人民法院执行。

需要注意的是，上述6个月的期间不计算执行中的公告期间、鉴定评估期间、管辖争议处理期间、执行争议协调期间、暂缓执行期间以及中止执行期间。

三、执行的启动

（一）启动方式

依据我国法律规定，民事执行程序的启动有两种方式，分别为当事人申请启动与审判机关移送启动。

1. 申请执行

（1）申请条件

生效法律文书上所确定的权利人或其继承人、权利承受人根据生效法律文书，在对方不履行义务的情况下，可以自法律文书规定履行期间的最后一日起2年内向人民法院申请执行。法律文书规定分期履行的，从规定的每次履行期间的最后一日起计算；法律文书未规定履行期间的，从法律文书生效之日起计算。申请执行的2年时效的中止、中断，适用法律有关诉讼时效中止、中断的规定。

申请执行人超过申请执行时效期间仍可以向人民法院申请强制执行，人民法院对此应予受理。但是，若被执行人对申请执行时效期间提出异议并经人民法院审查异议成立，人民法院对该执行申请裁定不予执行。被执行人履行全部或者部分义务后，不得以不知道申请执行时效期间届满为由请求执行回转的，债权人的受领不构成不当得利。

（2）申请所需材料

依据司法解释的规定，申请执行，应向人民法院提交下列文件和证件：A. 申请执行书。申请执行书中应当写明申请执行的理由、事项、执行标的，以及申请执行人所了解的被执行人的财产状况。申请执行人书写申请执行书确有困难的，可以口头提出申请。人民法院接待人员对口头申请应当制作笔录，由申请执行人签字或盖章。外国一方当事人申请执行的，应当提交中文申请执行书。当事人所在国与中国缔结或共同参加的司法协助条约有特别规定的，按照条约规定办理；B. 生效法律文书副本；C. 申请执行人的身份证明。公民个人申请的，应当出示居民身份证；法人申请的，应当提交法人营业执照副本和法定代表人身份证明；其他组织申请的，应当提交营业执照副本和主要负责人身份证明；D. 继承人或权利承受人申请执行的，应当提交继承或承受权利的证明文件；E. 其他应当提交的文件或证件。

2. 移送执行

一般来说，执行程序因申请人申请而启动，但我国规定了移送执行制度，用以对一些特殊类型的案件进行启动。移送执行是启动民事执行程序的一种补充方式。

依据司法解释规定，发生法律效力的具有给付赡养费、扶养费、抚育费内容的法律文书、民事制裁决定书，以及刑事附带民事判决书、裁定书、调解书，除可以因当事人申请执行外，亦可以由审判庭移送执行机构执行。

（二）执行通知

执行员应当在接到申请执行书或者移送执行书后10日内向被执行人发出执行通知，并可以立即采取强制执行措施。采取强制执行措施时，执行员应当出示证件。执行完毕后，应当将执行情况制作笔录，由在场的有关人员签名或者盖章。

四、委托执行

为了降低法院异地执行的难度，实现人民法院在执行过程中的协助合作，我国民事诉讼法规定了委托执行制度。依据该法规定，被执行人或者被执行的财产在外地的，执行法院可以委托当地人民法院代为执行。受委托人民法院收到委托函件后，必须在15日内开始执行，不得拒绝。执行完毕后，应当将执行结果及时函复委托人民法院；在30日内如果还未执行完毕，也应当将执行情况函告委托人民法院。受委托人民法院自收到委托函件之日起15日内不执行的，委托人民法院可以请求受委托人民法院的上级人民法院指令受委托人民法院执行。

五、执行担保

执行担保，是指在民事执行措施中，被申请执行人为请求暂时停止执行而向民事执行机构提供担保，经申请执行人同意后，民事执行机构决定暂缓执行的一种执行制度。

（一）执行担保成立的条件

依据民事诉讼法及相关司法解释的规定，成立执行担保应当同时具备以下条件：

1. 被申请人提出申请。

2. 被申请执行人提供担保。被申请执行人提供的担保，包括由被执行人或者他人提供的财产担保，可包括由他人提供的保证。担保人应当具有代为履行或者代为承担赔偿责任的能力。他人提供执行保证的，应当向执行法院出具保证书，并将保证书副本送交申请执行人。被执行人或者他人提供财产担保的，应当依法办理相应手续。

3. 申请执行人同意。申请执行人不同意的，执行担保不成立。

4. 民事执行机构决定暂缓执行。

（二）执行担保的效力

执行担保成立的，执行机构应暂时停止对被申请执行人的财产采取进一步的执行措施，即暂缓执行。担保有期限的，暂缓执行的期限应当与担保期限一致，但最长不得超过1年；没有约定担保期限的，暂缓执行的期限由民事执行机构决定。

在暂缓执行期间，被执行人或者担保人对担保的财产有转移、隐藏、变卖、毁损等行为的，人民法院可以恢复强制执行。暂缓期限届满，被申请执行人应当履行生效法律文书所确定的义务。被执行人在人民法院决定暂缓执行的期限届满后仍不履行义务的，人民法院可以直接执行担保财产，或者裁定执行担保人的财产，但执行担保人的财产以担保人应当履行义务部分的财产为限。

六、执行和解

执行和解，是指在执行过程中，当事人自愿协商达成合法有效的协议，并自觉履行后结束执行程序的行为。

（一）和解协议

在执行中，双方当事人可以自行和解。双方当事人自行和解达成协议的，执行员应当将协议内容记入笔录，由双方当事人签名或者盖章。

（二）和解的效力

当事人达成和解协议后请求中止执行或者撤回执行申请的，人民法院可以裁定中止执行或者终结执行。

当事人之间的和解协议合法有效且已经履行完毕，法院应作执行结案处理。

（三）恢复执行

申请执行人因受欺诈、胁迫与被执行人达成和解协议，或者当事人不履行或不完全履行和解协议的，人民法院可以根据当事人的申请，恢复对原生效法律文书的执行，但和解协议已履行的部分应当扣除。和解协议已经履行完毕的，人民法院不予恢复执行。

申请恢复执行原生效法律文书，适用本节“执行的启动”中有关申请执行期间的规定，在此不再赘述。申请执行期间因达成执行中的和解协议而中断，其期间自和解协议约定履行期限的最后一日起重新计算。

七、执行回转

为保护错误被执行人的合法权益，民事诉讼法规定了执行回转制度。依照有关规定，执行完毕后，据以执行的判决、裁定和其他法律文书确有错误，被人民法院撤销的，对已被执行的财产，人民法院应当作出裁定，责令取得财产的人返还；拒不返还的，强制执行。

八、代位申请执行

代位申请执行，是指被执行人不能清偿债务，但是对第三人享有到期债权，经申请执行人或被执行人申请，向第三人（次债务人）发出履行到期债务的通知。

（一）条件

当被执行人不能清偿生效法律文书所确定的义务，但对第三人享有到期债权时，人民法院可以根据申请执行人或者被执行人的申请，向次债务人发出履行到期债务的通知，该通知必须直接送达第三人。

（二）履行通知的效力

次债务人应当在收到履行通知后 15 日内向申请执行人履行债务，并不得向被执行人清偿。次债务人对债权债务关系存在异议的，应当自收到通知后 15 日内向人民法院提出。次债务人既不履行债务，又不依法向人民法院提出异议的，人民法院可以裁定对其强制执行。

（三）次债务人的异议

次债务人对债权债务关系存在异议的，应当自收到履行通知后 15 日内向人民法院以书面形式提出；其以口头形式提出的，执行人员应记入笔录，并由第三人签字或盖章。

次债务人依法提出异议的，人民法院不得对第三人强制执行，并对提出的异议不进行审查。次债务人仅对部分债权债务提出异议的，对其没有提出异议的部分，可以执行；对其提出异议的部分，不得强制执行并不予审查。

应当注意的是，第三人的以下理由不属于异议，不影响履行通知的效力：(1) 自己没有履行能力；(2) 自己与申请执行人没有直接法律关系。

(四) 对次债务人的措施

次债务人自收到履行通知起15日内既不向申请执行人履行债务，也不依法提出异议的，人民法院有权裁定对其强制执行。该裁定应当同时送达第三人和被执行人。

第三人收到人民法院要求其履行到期债务的通知后，擅自向被执行人履行，造成已向被执行人履行的财产不能追回的，除在已履行的财产范围内与被执行人承担连带清偿责任外，可以追究其妨害执行的责任。

(五) 再代位执行的禁止

在对第三人作出强制执行裁定后，第三人确无财产可供执行的，人民法院不得就第三人对他人享有的到期债权强制执行，即不得再代位执行。

(六) 利害关系人的异议

人民法院就被执行人对次债务人的到期债权向次债务人发出履行通知的，利害关系人可以就该到期债权向人民法院提出异议。该异议属于案外人对执行标的的异议，具体可参见本节“案外人对执行标的的异议”部分，在此不再赘述。

九、参与分配

参与分配，是指在实现金钱债权的执行中，作为被申请执行人的自然人或者其他组织不能清偿全部债务，该被申请执行人的其他已经取得执行根据或者具有优先受偿权的债权人请求就已经采取执行措施的财产进行分配，民事执行机构将执行所得财产在全体债权人之间依法进行分配的一种法律制度。

(一) 条件

依据民事诉讼法及相关司法解释的规定，被申请执行人的其他债权人或优先受偿权人申请参与分配应当满足以下条件：

1. 被申请人是自然人或者其他组织。法人可以适用破产制度，不再适用参与分配制度。

2. 有多个申请人对该被申请人享有到期债权，并已经取得执行依据或者这些申请人对执行标的物享有优先受偿权。起诉后尚未获得执行根据的债权人不具有参与分配的资格。

3. 正在执行和申请参与分配的债权必须是金钱债权。

4. 被申请人的财产不足以清偿全部债权。

5. 申请人应当在执行程序开始后，被执行人的财产执行完毕前书面提出。申请书应当写明参与分配和被执行人不能清偿所有债权的事实、理由，并附有执行依据。

（二）程序

1. 分配方案

民事执行机构收到参与分配申请后，应当在申请截止日之后制作分配方案，并送达各债权人和被执行人。债权人或者被执行人对分配方案有异议的，应当自收到分配方案之日起 15 日内向执行法院提出书面异议。

依照司法解释规定，参与分配执行中，执行所得价款扣除执行费用，并清偿应当优先受偿的债权后，对于普通债权，原则上按照其占全部申请参与分配债权数额的比例受偿。

2. 处理分配方案异议

债权人或者被执行人对分配方案提出书面异议的，执行法院应当通知未提出异议的债权人、被执行人。未提出异议的债权人、被执行人自收到通知之日起 15 日内未提出反对意见的，执行法院依异议人的意见对分配方案审查修正后进行分配；提出反对意见的，应当通知异议人。异议人可以自收到通知之日起 15 日内，以提出反对意见的债权人、被执行人为被告，向执行法院提起诉讼（分配方案异议之诉）；异议人逾期未提起诉讼的，执行法院按照原分配方案进行分配。

3. 实施分配

债权人或者被执行人未依法对分配方案提出异议的，执行法院按照原分配方案进行分配。

对于分配清偿后的剩余债务，被执行人应当继续清偿。债权人发现被执行人有其他财产的，可以随时请求人民法院执行。

（三）执行程序向破产程序的转化

如前所述，参与分配是在被执行人为自然人或者其他组织且资不抵债的情况下公平分配被执行人财产的制度。当被执行人是企业法人时，适用破产制度而非参与分配，这就涉及执行程序向破产程序的转化。

1. 条件

在民事执行程序中，将被执行人转入破产程序清理债务应当同时满足以下条件：(1) 被执行人不能清偿到期债务并且资不抵债或者明显缺乏偿债能力；(2) 程序转化经申请执行人之一或者被执行人同意。

满足上述条件的，执行法院应当裁定中止对该被执行人的执行，将执行案件相关材料移送被执行人住所地人民法院。

2. 转化结果

被执行人住所地人民法院裁定受理破产案件的，执行法院应当解除对被执行人财产的保全措施。被执行人住所地人民法院裁定宣告被执行人破产的，执行法院应当裁定终结对该被执行人的执行。

当事人不同意移送破产或者被执行人住所地人民法院不受理破产案件的，执行法院应当继续执行或者恢复执行。执行法院就执行变价所得财产，在扣除执行费用及清偿优先受偿的债权后，对于普通债权，按照财产保全和执行中查封、扣押、冻结财产的先后顺序清偿。

十、对执行行为的异议

对执行行为的异议，是指当事人或者利害关系人对法院的执行行为提出质疑，要求法院变更或者停止执行行为。

（一）条件

依据民事诉讼法的规定，提出执行行为的异议应当满足以下条件：

1. 提出人必须是执行当事人或者利害关系人。其中，利害关系人一般是指受执行行为直接影响、以自己的名义享有执行权利或者承担执行义务的、除执行当事人之外的单位或者个人。

2. 必须以执行行为违反法律规定为由提出。

3. 必须向负责执行的民事执行机构以书面形式提出。

4. 必须在执行过程中提出。

（二）法院处理与救济

人民法院应当自收到书面异议之日起15日内审查，理由成立的，裁定撤销或者改正；理由不成立的，裁定驳回。当事人、利害关系人对裁定不服的，可以自裁定送达之日起10日内向上一级人民法院申请复议。

执行异议审查和复议期间，不停止执行。被执行人、利害关系人提供充分、有效的担保请求停止相应处分措施的，人民法院可以准许；申请执行人提供充分、有效的担保请求继续执行的，应当继续执行。

十一、案外人对执行标的的异议

案外人对执行标的的异议，是指案外人以对执行标的享有实体权利为由，对民事执行机构就该标的的执行提出不同意见，要求停止对该标的的执行。

（一）条件

依据民事诉讼法及相关司法解释的规定，提出案外人对执行标的的异议应当满足以下条件：

1. 提出人必须是案外人，即本案执行当事人以外的人。该案外人能对执行标的主张所有权或者有其他足以阻止执行标的转让、交付的实体权利。

2. 必须以对执行标的主张实体权利为由提出。

3. 必须向负责执行的民事执行机构以书面形式提出。

4. 必须在执行过程中提出，即执行程序开始后、终结前。

（二）法院处理与救济

人民法院应当自收到书面异议之日起15日内审查。经审查，案外人对执行标的享有足以排除强制执行的权益的，人民法院应当裁定中止执行；案外人对执行标的不享有足以排除强制执行的权益的，人民法院应当裁定驳回其异议，并不得于驳回案外人执行异议裁定送达案外人之日起15日内对执行标的进行处分，以保护案外人的诉讼权利。案外人、当事人对裁定不服，认为原判决、裁定错误的，依照审判监督程序办理；与原判决、裁定无关的，可以自裁定送达之日起15日内向执行法院提起诉讼，即执行异议之诉。

（三）执行异议之诉

依据提出主体的不同，执行异议之诉可以分为案外人异议之诉与许可执行之诉，其中，前者由案外人提出，后者由申请执行人提出。

1. 条件

（1）案外人异议之诉

案外人提起执行异议之诉，除符合起诉条件外，还应当具备下列条件：A. 案外人的执行异议申请已经被人民法院裁定驳回；B. 有明确的排除对执行标的执行的诉讼请求，且诉讼请求与原判决、裁定无关；C. 自执行异议裁定送达之日起 15 日内提起。

（2）许可执行之诉

申请执行人提起执行异议之诉，除符合起诉条件外，还应当具备下列条件：A. 依案外人执行异议申请，人民法院裁定中止执行；B. 有明确的对执行标的继续执行的诉讼请求，且诉讼请求与原判决、裁定无关；C. 自执行异议裁定送达之日起 15 日内提起。

2. 当事人的列明

（1）案外人异议之诉

案外人提起执行异议之诉的，以申请执行人为被告。被执行人反对案外人异议的，被执行人为共同被告；被执行人不反对案外人异议的，可以列被执行人为第三人。

（2）许可执行之诉

申请执行人提起执行异议之诉的，以案外人为被告。被执行人反对申请执行人主张的，以案外人和被执行人为共同被告；被执行人不反对申请执行人主张的，可以列被执行人为第三人。

3. 审理和裁判

对于案外人或申请执行人提起的执行异议之诉，人民法院应当在收到起诉状之日起 15 日内决定是否立案。决定立案的，适用普通程序进行审理。案外人应当就其对执行标的享有足以排除强制执行的民事权益承担举证证明责任。

对案外人提起的执行异议之诉，人民法院经审理，案外人就执行标的享有足以排除强制执行的民事权益的，判决不得执行该执行标的，执行异议裁定失效；案外人就执行标的不享有足以排除强制执行的民事权益的，判决驳回诉讼请求。案外人同时提出确认其权利的诉讼请求的，人民法院可以在判决中一并作出裁判。

对申请执行人提起的执行异议之诉，人民法院经审理，案外人就执行标的不享有足以排除强制执行的民事权益的，判决准许执行该执行标的，执行异议裁定失效，执行法院可以根据申请执行人的申请或者依职权恢复执行；案外人就执行标的享有足以排除强制执行的民事权益的，判决驳回诉讼请求。

4. 执行异议之诉对执行程序的影响

（1）案外人异议之诉

案外人异议之诉审理期间，人民法院不得对执行标的进行处分，只能采取控制性措施。申请执行人请求人民法院继续执行并提供相应担保的，人民法院可以准许。

此外，被执行人与案外人恶意串通，通过执行异议、执行异议之诉妨害执行的，人民法院应当依法以恶意串通逃避执行行为对被申请人、案外人采取罚款、拘留措施；构成犯罪的，依法追究刑事责任。申请执行人因此受到损害的，可以提起诉讼要求被执行人、案外人赔偿。

（2）许可执行之诉

人民法院对执行标的裁定中止执行后，申请执行人在法律规定的期间内未提起执行异议之诉的，人民法院应当自起诉期限届满之日起 7 日内解除对该执行标的采取的执行措施；申请执行人依法提起许可执行之诉的，在诉讼期间，民事执行机构对该执行标的采取的执行措施的效力应当予以维持。

十二、执行承担与变更、追加当事人

（一）执行承担

执行承担，是指在执行过程中，因法定事由的出现而由原定被执行人以外的其他单位或个人承担执行义务的情况。依照民事诉讼法及相关司法解释的规定，主要有以下几种情形：

1. 作为被执行人的公民死亡，其遗产继承人没有放弃继承的，人民法院可以裁定变更被执行人，由该继承人在遗产的范围内偿还债务。继承人放弃继承的，人民法院可以直接执行被执行人的遗产。

2. 作为被执行人的法人或者其他组织名称变更的，人民法院可以裁定变更后的法人或者其他组织为被执行人。

3. 作为被执行人的法人或者其他组织分立、合并的，人民法院可以裁定变更后的法人或者其他组织为被执行人；被注销的，如果依照有关实体法的规定有权利义务承受人的，可以裁定该权利义务承受人为被执行人。

4. 其他组织在执行中不能履行法律文书确定的义务的，人民法院可以裁定执行对该其他组织依法承担义务的法人或者公民个人的财产。

（二）变更、追加当事人

1. 情形

（1）变更、追加申请人：如果作为自然人的权利人死亡、失踪，作为法人或者其他组织的权利人终止，权利人转让权利等，根据实体法规定依法取得该财产权利或者依法对权利人权利享有管理权的主体，有权申请变更、追加其为申请人。

（2）变更、追加被执行人：如果作为自然人的义务人死亡、失踪，作为法人或者其他组织的义务人终止时，申请人可以申请变更、追加根据实体法规定依法对该义务承担责任的主体为被执行人。

2. 救济

一般来说，被申请人、申请人或其他执行当事人对执行法院作出的变更、追加裁定或驳回申请裁定不服的，可以自裁定书送达之日起10日内向上一级人民法院申请复议，但在以下情况中，相关人员对执行法院作出的裁定不服的，只能自裁定送达之日起15日内向执行法院提起执行异议之诉：

（1）作为被执行人的有限合伙企业，财产不足以清偿生效法律文书确定的债务，申请执行人申请变更、追加未按期足额缴纳出资的有限合伙人为被执行人在未足额缴纳出资的范围内承担责任，人民法院予以支持的。

（2）作为被执行人的企业法人，财产不足以清偿生效法律文书确定的债务，申请执行人申请变更、追加未缴纳或未足额缴纳出资的股东、出资人或依公司法规定对该出资承担连带责任的发起人为被执行人在尚未缴纳出资的范围内依法承担责任，人民法院予以支持的。

（3）作为被执行人的企业法人，财产不足以清偿生效法律文书确定的债务，申请执行人申请变更、追加抽逃出资的股东、出资人为被执行人在抽逃出资的范围内承担责任，人民法院予以支持的。

（4）作为被执行人的公司，财产不足以清偿生效法律文书确定的债务，其股东未依法履行出资义务即转让股权，申请执行人申请变更、追加该原股东或依公司法规定对该出资承担连带责任的发起人为被执行人在未依法出资的范围内承担责任，人民法院予以支持的。

（5）作为被执行人的一人有限责任公司，财产不足以清偿生效法律文书确定的债务，股东不能证明公司财产独立于自己的财产，申请执行人申请变更、追加该股东为被执行人对公司债务承担连带责任，人民法院予以支持的。

（6）作为被执行人的公司，未经清算即办理注销登记，导致公司无法进行清算，申请执行人申请变更、追加有限责任公司的股东、股份有限公司的董事和控股股东为被执行人对公司债务承担连带清偿责任，人民法院予以支持的。

十三、执行中止和终结

（一）执行中止

执行中止，是指在执行过程中，由于某种特殊情况而暂时停止执行程序，待情况消除后再恢复执行的制度；执行中止应当使用裁定书，待执行中止的原因消除后，由当事人申请或法院依职权恢复执行程序，继续执行。应当中止执行的情形包括：（1）申请人表示可以延期执行的；（2）案外人对执行标的提出确有理由的异议的；（3）作为一方当事人的公民死亡，需要等待继承人继承权利或者承担义务的；（4）作为一方当事人的法人或者其他组织终止，尚未确定权利义务承受人的；（5）案件已经按照审判监督程序决定再审的，但追索赡养费、扶养费、抚育费、抚恤金、医疗费用、劳动报酬等案件可以不中止执行；（6）人民法院已受理以被执行人为债务人的破产申请的；（7）被执行人确无财产可供执行的；（8）执行的标的物是其他法院或仲裁机构正在审理的案件争议标的物，需要等待该案件审理完毕确定权属的；（9）一方当事人申请执行仲裁裁决，另一方当事人申请撤销仲裁裁决的；（10）仲裁裁决的被申请执行人请求不予执行，并提供适当担保的；（11）人民法院认为应当中止执行的其他情形。

中止执行的裁定送达当事人后立即生效。

（二）执行终结

执行终结，是指在执行过程中，由于发生某些特殊情况，执行程序不可能或者没有必要继续执行，人民法院裁定执行终结，从而非正常结束执行程序的制度。人民法院应当裁定终结执行的情形包括：（1）申请人撤销申请的；（2）据以执行的法律文书被撤销的；（3）作为被执行人的公民死亡，无遗产可供执行，又无义务承担人的；（4）追索赡养费、扶养费、抚育费案件的权利人死亡的；（5）作为被执行人的公民因生活困难无力偿还借款，无收入来源，又丧失劳动能力的；（6）人民法院认为应当终结执行的其他情形。

终结执行的裁定送达当事人后立即生效。

（三）终结本次执行

终结本次执行，是指在执行人，法院已经采取必要执行措施，穷尽调查措施仍无法执行到位，且未发现被执行人有可供执行的财产或者发现的财产无法处置的，可以在听取申请执行人意见后，裁定终结本次执行，做结案处理。终结本次执行后，被执行人应当继续履行生效法律文书确定的义务，在发现被执行人有可供执行财产时应当恢复执行。

1. 条件

人民法院终结本次执行程序，应当同时符合下列条件：（1）已向被执行人发出执行通知、责令被执行人报告财产；（2）已向被执行人发出限制消费令，并将符合条件的被执行人纳入失信被执行人名单；（3）已穷尽财产调查措施，未发现被执行人有可供执行的财产或者发现的财产不能处置；（4）自执行案件立案之日起已超过3个月；（5）被执行人下落不明的，已依法予以查找；被执行人或者其他人妨害执行的，已依法采取罚款、拘留等强制措施，构成犯罪的，已依法启动刑事责任追究程序。

2. 程序

终结本次执行程序前，人民法院应当将案件执行情况、采取的财产调查措施、被执行人的财产情况、终结本次执行程序的依据及法律后果等信息告知申请执行人，听取其对终结本次执行程序的意见，并将申请执行人的意见记录入卷。人民法院作出终结本次执行的裁定后应当将裁定送达申请执行人。

3. 救济

当事人、利害关系人认为终结本次执行程序违反法律规定的，可以提出执行行为异议。

4. 后果

终结本次执行程序后，被执行人应当继续履行生效法律文书确定的义务。被执行人自动履行完毕的，当事人应当及时告知执行法院；申请执行人发现被执行人有可供执行财产的，可以向执行法院申请恢复执行，该申请不受申请执行时效期间的限制。核查属实的，执行法院应当恢复执行。

此外，在终结本次执行程序后的5年内，执行法院应当每6个月通过网络执行查控系统查询一次被执行人的财产，并将查询结果告知申请执行人。符合恢复执行条件的，执行法院应当及时恢复执行。

【相关案例】

李某某与宋某某等案外人执行异议之诉纠纷上诉案

因何某某与赵某某、宋某某借款纠纷一案，重庆市江北区人民法院于2008年9月26日作出民事判决书，判决赵某某、宋某某于判决生效后连带返还何某某借款。该判决生效后，赵某某、宋某某未能按判决书所确定时间和金额履行还款义务，何某某遂申请该院强制执行。在执行过程中，该院于2014年12月5日查封了登记在赵某某、宋某某、赵某甲（系赵某某、宋某某的子女，未成年）名下的某房屋。

在执行过程中，案外人李某某于2015年7月7日对执行标的物提出书面异议，声称其于2014年11月10日与赵某某、宋某某签订房屋买卖合同，约定购买赵某某、宋某某、赵某甲所有的涉案房屋，并付清了全部房款，赵某某、宋某某于2015年1月27日将前述房屋交付其占有、使用，该房屋属其所有。但该房屋已于2014年12月5日被重庆市江北区法院查封，请求法院解除对涉案房屋的查封。

2015年7月21日，重庆市江北区法院以李某某虽于本院查封之前与赵某某、宋某某签订房屋买卖合同并支付了全部价款，但并未在本院查封之前占有该房屋，不符合解除查封的条件为由作出民事裁定，驳回李某某要求解除对涉案房屋查封的异议。李某某对此不服，向法院提起诉讼。

二审法院重庆一中院认为，李某某在法院查封涉案房屋后方占有该房屋，其提出的案外人异议之诉不能成立。重庆一中院依法驳回李某某的诉讼请求。

【法条指引】

中华人民共和国民事诉讼法（节录）

第二百二十四条 发生法律效力的民事判决、裁定，以及刑事判决、裁定中的财产部分，由第一审人民法院或者与第一审人民法院同级的被执行的财产所在地人民法院执行。

法律规定由人民法院执行的其他法律文书，由被执行人住所地或者被执行的财产所在地人民法院执行。

最高人民法院关于适用《中华人民共和国民事诉讼法》的解释（节录）

第四百八十五条 人民法院有权查询被执行人的身份信息与财产信息，掌握相关信息的单位和个人必须按照协助执行通知书办理。

第五百零六条 被执行人迟延履行的，迟延履行期间的利息或者迟延履行金自判决、裁定和其他法律文书指定的履行期间届满之日起计算。

第五百零七条 被执行人未按判决、裁定和其他法律文书指定的期间履行非金钱给付义务的，无论是否已给申请执行人造成损失，都应当支付迟延履行金。已经造成损失的，双倍补偿申请执行人已经受到的损失；没有造成损失的，迟延履行金可以由人民法院根据具体案件情况决定。

第五百一十八条 被执行人不履行法律文书确定的义务的，人民法院除对被执行人予以处罚外，还可以根据情节将其纳入失信被执行人名单，将被执行人不履行或者不完全履行义务的信息向其所在单位、征信机构以及其他相关机构通报。

第二十一节 执行措施

【规则要点】

人民法院执行机构在依法执行生效法律文书时，有权依法采取相应的执行措施。此外，为保障执行措施的顺利进行，法律同时赋予执行机构一系列的执行保障措施。

【理解与适用】

一、实现金钱债权的执行措施

被申请执行人未按照执行通知履行确定的义务，人民法院为实现生效法律文书所确定的金钱债权可采取以下执行措施：

1. 扣押、冻结、划拨、变价被申请执行人的存款、债券、股票、基金份额等金融资产；

2. 扣留、提取被申请执行人的收入，但应当保留被执行人及其所扶养家属的生活必需费用；

3. 查封、扣押、冻结、拍卖、变卖债务人的财产，但应当保留被执行人及其所扶养家属的生活必需品。应当注意的是，对被执行的财产，人民法院非经查封、扣押、冻结不得处分。但对银行存款等各类可以直接扣划的财产，人民法院的扣划裁定同时具有冻结的法律效力；

4. 禁止被执行人转让其专利权、注册商标专用权、著作权（财产权部分）等知识产权，并可以在被执行人仍不履行义务时采取拍卖、变卖等执行措施，但不得对被执行人未公开的发明或未发表的著作采取强制执行措施；

5. 禁止被执行人提取和有关企业向被执行人支付被执行人从有关企业中应得的已到期的股息或红利等收益，并要求有关企业直接向申请执行人支付。对被执行人预期从有关企业中应得的股息或红利等收益，人民法院可以采取冻结措施，禁止到期后被执行人提取和有关企业向被执行人支付。到期后人民法院可从有关企业中提取，并出具提取收据；

6. 执行被执行人的债权（代位申请执行）。

二、实现非金钱债权的措施

被申请执行人未按照执行通知履行确定的义务，人民法院为实现生效法律文书所确定的非金钱债权可采取以下执行措施：

1. 强制迁出房屋或退出土地；

2. 强制履行法律文书指定的行为。执行人未按执行通知履行的，人民法院可以强制执行或者委托有关单位或者其他人完成，并由被执行人承担相关费用。

三、执行保障措施

保障性的执行措施是辅助与配合直接实现申请执行人权利的基本执行措施而实施的执行措施。

(一) 查询被执行人的存款、债券、股票、基金份额等财产情况

被执行人未按执行通知履行法律文书确定的义务，人民法院有权向有关单位查询被执行人的存款、债券、股票、基金份额等财产情况，并根据不同情形扣押、冻结、划拨、变价被执行人的财产。查询、扣押、冻结、划拨、变价的财产不得超出被执行人应当履行义务的范围。

(二) 搜查被申请执行人的财产

被执行人不履行法律文书确定的义务，并隐匿财产的，人民法院有权发出搜查令，对被执行人及其住所或者财产隐匿地进行搜查。

(三) 拘传被申请执行人

必须接受调查询问的被执行人、被执行人的法定代表人、负责人或者实际控制人，经依法传唤无正当理由拒不到场的，人民法院可以拘传其到场，并应当及时对被拘传人进行调查询问，调查询问的时间不得超过 8 小时；情况复杂，依法可能采取拘留措施的，调查询问的时间不得超过 24 小时。

(四) 责令支付迟延履行利息或迟延履行金

被执行人未按判决、裁定和其他法律文书指定的期间履行给付金钱义务的，应当加倍支付迟延履行期间的债务利息。被执行人未按判决、裁定和其他法律文书指定的期间履行其他义务的，应当支付迟延履行金。

(五) 强制办理财产权证照转移手续

在执行中，需要办理房产证、土地证、林权证、专利证书、商标证书、车船执照等有关财产权证照转移手续的，人民法院可以向有关单位发出协助执行通知书，有关单位必须办理。

(六) 责令被申请执行人报告财产状况

被执行人未按执行通知履行法律文书确定的义务，应当报告当前以及收到执行通知之日前 1 年的财产情况。被执行人拒绝报告或者虚假报告的，人民法院可以根据情节轻重对被执行人或者其法定代理人、有关单位的主要负责人或者直接责任人员予以罚款、拘留。

（七）对剩余债务的继续执行

人民法院依法采取执行措施后，被执行人仍不能偿还债务的，应当继续履行义务。债权人发现被执行人有其他财产的，可以随时请求人民法院执行，不受申请执行期间的限制。

（八）限制被申请执行人高消费

被执行人未按执行通知书指定的期间履行生效法律文书确定的给付义务的，人民法院可以发出限制消费令，限制被执行人及其法定代表人、主要负责人等进行高消费和非生活经营必需的消费活动，包括以下行为：（1）乘坐交通工具时，选择飞机、列车软卧、轮船二等以上舱位；（2）在星级以上宾馆、酒店、夜总会、高尔夫球场等场所进行高消费；（3）购买不动产或者新建、扩建、高档装修房屋；（4）租赁高档写字楼、宾馆、公寓等场所办公；（5）购买非经营必需车辆；（6）旅游、度假；（7）子女就读高收费私立学校；（8）支付高额保费购买保险理财产品；（9）乘坐G字头动车组列车全部座位、其他动车组列车一等以上座位等其他非生活和工作必需的消费行为。

对于被采取限制消费措施的单位的被执行人及其法定代表人、主要负责人、影响债务履行的直接责任人员、实际控制人因私消费以个人财产实施前款规定行为的，可以向执行法院提出申请。执行法院审查属实的，应予准许。纳入失信被执行人名单的被执行人，人民法院应当对其采取限制消费措施。

（九）其他保障性措施

被执行人不履行法律文书确定的义务的，人民法院可以对其采取或者通知有关单位协助采取限制出境，在征信系统记录、通过媒体公布不履行义务信息以及法律规定的其他措施。

【风险提示】

对于执行机构的执行行为及采取的保障措施，有关个人、法人、非法人组织应当积极配合，否则应当承担相应的法律责任。

【法条指引】

中华人民共和国民事诉讼法（节录）

第二百二十五条 当事人、利害关系人认为执行行为违反法律规定的，可以向负责执行的人民法院提出书面异议。当事人、利害关系人提出书面异议的，人民法院应当自收到书面异议之日起十五日内审查，理由成立的，裁定撤销或者改正；理由不成立的，裁定驳回。当事人、利害关系人对裁定不服的，可以自裁定送达之日起十日内向上一级人民法院申请复议。

第二百二十七条 执行过程中，案外人对执行标的提出书面异议的，人民法院应当自收到书面异议之日起十五日内审查，理由成立的，裁定中止对该标的的执行；理由不成立的，裁定驳回。案外人、当事人对裁定不服，认为原判决、裁定错误的，依照审判监督程序办理；与原判决、裁定无关的，可以自裁定送达之日起十五日内向人民法院提起诉讼。

第二百三十条 在执行中，双方当事人自行和解达成协议的，执行员应当将协议内容记入笔录，由双方当事人签名或者盖章。

申请执行人因受欺诈、胁迫与被执行人达成和解协议，或者当事人不履行和解协议的，人民法院可以根据当事人的申请，恢复对原生效法律文书的执行。

第二百三十一条 在执行中，被执行人向人民法院提供担保，并经申请执行人同意的，人民法院可以决定暂缓执行及暂缓执行的期限。被执行人逾期仍不履行的，人民法院有权执行被执行人的担保财产或者担保人的财产。

第二百三十二条 作为被执行人的公民死亡的，以其遗产偿还债务。作为被执行人的法人或者其他组织终止的，由其权利义务承受人履行义务。

第二百三十九条 申请执行的期间为二年。申请执行时效的中止、中断，适用法律有关诉讼时效中止、中断的规定。

前款规定的期间，从法律文书规定履行期间的最后一日起计算；法律文书规定分期履行的，从规定的每次履行期间的最后一日起计算；法律文书未规定履行期间的，从法律文书生效之日起计算。

第二百四十一条 被执行人未按执行通知履行法律文书确定的义务，应当报告当前以及收到执行通知之日前一年的财产情况。被执行人拒绝报告或者虚假报告的，人民法院可以根据情节轻重对被执行人或者其法定代理人、有关单位的主要负责人或者直接责任人员予以罚款、拘留。

第二百四十二条 被执行人未按执行通知履行法律文书确定的义务，人民法院有权向有关单位查询被执行人的存款、债券、股票、基金份额等财产情况。人民法院有权根据不同情形扣押、冻结、划拨、变价被执行人的财产。人民法院查询、扣押、冻结、划拨、变价的财产不得超出被执行人应当履行义务的范围。

人民法院决定扣押、冻结、划拨、变价财产，应当作出裁定，并发出协助执行通知书，有关单位必须办理。

第二百五十六条 有下列情形之一的，人民法院应当裁定中止执行：

（一）申请人表示可以延期执行的；

（二）案外人对执行标的提出确有理由的异议的；

（三）作为一方当事人的公民死亡，需要等待继承人继承权利或者承担义务的；

（四）作为一方当事人的法人或者其他组织终止，尚未确定权利义务承受人的；

（五）人民法院认为应当中止执行的其他情形。

中止的情形消失后，恢复执行。

第二百五十七条 有下列情形之一的，人民法院裁定终结执行：

（一）申请人撤销申请的；

（二）据以执行的法律文书被撤销的；

（三）作为被执行人的公民死亡，无遗产可供执行，又无义务承担人的；

（四）追索赡养费、扶养费、抚育费案件的权利人死亡的；

（五）作为被执行人的公民因生活困难无力偿还借款，无收入来源，又丧失劳动能力的；

（六）人民法院认为应当终结执行的其他情形。

第二百五十八条 中止和终结执行的裁定，送达当事人后立即生效。

第二十二节 涉外民事诉讼程序的特别规定

【规则要点】

涉外民事诉讼程序，是指中国法院审理具有涉外因素的民事案件所适用的程序。涉外民事诉讼程序就涉外民事案件的特殊性，在管辖、期间等问题上作出了特别规定，而对没有作出特别规定的部分，应认定适用民事诉讼程序的一般规则。

【理解与适用】

一、涉外民事诉讼程序概述

（一）适用范围

依据民事诉讼法的规定：有下列情形之一，人民法院可以认定为涉外民事案件：

1. 当事人一方或者双方是外国人、无国籍人、外国企业或者组织的；
2. 当事人一方或者双方的经常居所地在中华人民共和国领域外的；
3. 标的物在中华人民共和国领域外的；
4. 产生、变更或者消灭民事关系的法律事实发生在中华人民共和国领域外的。

即对于以上案件，人民法院应当适用涉外民事诉讼程序进行审理。

（二）一般原则

在涉外民事诉讼程序中，人民法院、当事人以及其他诉讼参加人除须遵守民事诉讼法的基本原则外，还应当遵守涉外民事诉讼程序的一般原则。依据民事诉讼法的规定，涉外民事诉讼程序的一般原则主要包括以下内容：

1. 适用中国民事诉讼法的原则

在中华人民共和国领域内进行涉外民事诉讼，只能适用中国民事诉讼法，并优先适用其中涉外民事诉讼程序编的内容。

2. 适用中国缔结或者参加的国际条约的原则

中国遵守缔结或者参加的国际条约。中国缔结或者参加的国际条约同中国民事诉讼法有不同规定的，适用该国际条约的规定，但中华人民共和国声明保留的条款除外。

3. 使用中国通用语言原则

人民法院审理涉外民事案件，应当使用中华人民共和国通用的语言、文字。当事人要求提供翻译的，可以提供，但须由当事人承担相关费用。

4. 委托中国律师代理诉讼原则

外国人、无国籍人、外国企业和组织在人民法院起诉、应诉，可以委托代理人进行诉讼。上述人员需要委托律师代理诉讼的，必须委托中华人民共和国的律师代理诉讼，外国律师不得以律师身份参与诉讼活动。此外，外国驻华使领馆官员，受本国公民的委托，可以以个人名义担任诉讼代理人，但在诉讼中不享有外交或者领事特权和豁免。外国驻华使领馆授权其本馆官员，在作为当事人的本国国民不在中华人民共和国领域内的情况下，可以以外交代表身份为其本国国民在中华人民共和国聘请中华人民共和国律师或者中华人民共和国公民代理民事诉讼。

在中华人民共和国领域内没有住所的外国人、无国籍人、外国企业和组织委托中华人民共和国律师或者其他人代理诉讼，从中华人民共和国领域外寄交或者托交的授权委托书，应当经所在国公证机关证明，并经中华人民共和国驻该国使领馆认证，或者履行中华人民共和国与该所在国订立的有关条约中规定的证明手续后，才具有效力。对于需要办理公证、认证手续，但是外国当事人所在国与中华人民共和国没有建立外交关系的，可以经该国公证机关公证，经与中华人民共和国有外交关系的第三国驻该国使领馆认证，再转由中华人民共和国驻该第三国使领馆认证。

外国人、外国企业或者组织的代表人在人民法院法官的见证下签署授权委托书或者在中国境内签署授权委托书并由中国公证机构公证，委托代理人进行民事诉讼的，人民法院应予认可。

二、管辖

（一）种类

1. 牵连管辖

牵连管辖，是指根据涉外民事诉讼与法院所在地之间存在一定牵连关系所确定的管辖。依据民事诉讼法的规定，因合同纠纷或者其他财产权益纠纷，对在中华人民共和国领域内没有住所的被告提起的诉讼，如果合同在中华人民共和国领域内签订或者履行，或者诉讼标的物在中华人民共和国领域内，或者被告在中华人民共和国领域内有可供扣押的财产，或者被告在中华人民共和国领域内设有代表机构，可以由合同签订地、合同履行地、诉讼标的物所在地、可供扣押财产所在地、侵权行为地或者代表机构住所地人民法院管辖。

2. 专属管辖

因在中华人民共和国履行中外合资经营企业合同、中外合作经营企业合同、中外合作勘探开发自然资源合同发生纠纷提起的诉讼，由中华人民共和国人民法院管辖，其他外国法院无权管辖。

3. 协议管辖

对于涉外合同或者其他财产权益纠纷，当事人可以书面协议选择被告住所地、合同履行地、合同签订地、原告住所地、标的物所在地、侵权行为地等与争议有实际联系地点的中国法院或者外国法院管辖。当事人的管辖协议不得违反专属管辖的规定，但可就属于专属管辖的案件协议仲裁。

（二）特殊处理

1. 不方便法院管辖原则

为使法院便于行使管辖权解决当事人间的纠纷、避免不必要的人力、物力、财力消耗，中国确定了不方便法院管辖原则，即对于中国法院行使管辖权存在困难而外国法院行使管辖权更加方便时，可以告知原告向外国法院提起诉讼。

依据司法解释规定，涉外民事案件同时符合下列情形的，人民法院可以裁定驳回原告的起诉，告知其向更方便的外国法院提起诉讼：

（1）被告提出案件应由更方便外国法院管辖的请求，或者提出管辖异议；

（2）当事人之间不存在选择中华人民共和国法院管辖的协议；

（3）案件不属于中华人民共和国法院专属管辖；

（4）案件不涉及中华人民共和国国家、公民、法人或者其他组织的利益；

（5）案件争议的主要事实不是发生在中华人民共和国境内，且案件不适用中华人民共和国法律，人民法院审理案件在认定事实和适用法律方面存在重大困难；

（6）外国法院对案件享有管辖权，且审理该案件更加方便。

2. 管辖权的积极冲突

当中国与外国法院均对某一案件享有管辖权时，可能会出现多方法院均行使管辖权产生管辖权冲突的情况。为解决上述冲突，中国司法解释规定，对于中国法院和外国法院都有管辖权的案件，一方当事人向外国法院起诉，而另一方当事人向中华人民共和国法院起诉的，人民法院可予受理。判决后，外国法院申请或者当事人请求人民法院承认和执行外国法院对本案作出的判决、裁定的，不予准许；但双方共同缔结或者参加的国际条约另有规定的除外。外国法院判决、裁定已经被人民法院承认，当事人就同一争议向人民法院起诉的，人民法院不予受理。

三、送达与期间

（一）送达

人民法院对在中华人民共和国领域内没有住所的当事人送达诉讼文书，可以采用下列方式：

1. 依照受送达人所在国与中华人民共和国缔结或者共同参加的国际条约中规定的方式送达；

2. 通过外交途径送达；

3. 对具有中华人民共和国国籍的受送达人，可以委托中华人民共和国驻受送达人所在国的使领馆代为送达；

4. 向受送达人委托的有权代其接受送达的诉讼代理人送达；

5. 向受送达人在中华人民共和国领域内设立的代表机构或者有权接受送达的分支机构、业务代办人送达；

6. 受送达人所在国的法律允许邮寄送达的，可以邮寄送达，自邮寄之日起满3个月，送达回证没有退回，但根据各种情况足以认定已经送达的，期间届满之日视为送达；

7. 采用传真、电子邮件等能够确认受送达人收悉的方式送达；

8. 不能用上述方式送达的，公告送达，自公告之日起满3个月，即视为送达。

此外，外国人或者外国企业、组织的代表人或该企业、组织的董事、监事、高级管理人员等主要负责人在中华人民共和国领域内的，人民法院可以向该自然人或者外国企业、组织的代表人、主要负责人送达。

（二）期间

1. 被告和被上诉人的答辩期

被告、被上诉人在中华人民共和国领域内没有住所的，可以在收到起诉状副本或上诉状副本后30日内提出答辩状。被告、被上诉人可以申请延长答辩期的，是否准许，由人民法院决定。

2. 上诉期

在中华人民共和国领域内没有住所的当事人，有权在判决书、裁定书送达之日起30日内提起上诉。上诉人可以申请延长上诉期，是否准许，由人民法院决定。

3. 审限

法院审理涉外民事案件不受一审、二审审限的限制。

4. 再审审查期

法院审查涉外民事案件的当事人再审申请不受再审审查期3个月的限制。

四、司法协助

（一）一般司法协助

一般司法协助，是指不同国家的法院之间按照条约关系或者互惠原则互相请求，代为送达文书、调查取证和其他诉讼行为的制度。中国提供一般司法协助，但外国法院请求协助的事项不得有损中国的主权、安全或者社会公共利益。

请求和提供司法协助，应当依照中国缔结或者参加的国际条约所规定的途径进行；没有条约关系的，通过外交途径进行。外国驻中国的使领馆可以向该国公民送达文书和调查取证，但应当遵守中国的法律，并不得采取强制措施。

除上述情况外，未经中国主管机关准许，任何外国机关或者个人不得在中华人民共和国领域内送达文书、调查取证。

人民法院提供司法协助，依照中国法律规定的程序进行。外国法院请求采用特殊方式的，也可以按照其请求的特殊方式进行，但请求采用的特殊方式不得违反中国法律。

（二）特殊司法协助

特殊司法协助，是指两国法院在一定条件下相互承认并执行对方发生法律效力的法院裁判和仲裁裁决的制度。

1. 对外国法院裁判的承认与执行

(1) 条件

根据中国缔结或者参加的国际条约以及民事诉讼法的规定，承认和执行外国法院裁判，需要具备以下条件：

A. 请求承认的裁判已生效；

B. 制作该裁判的外国法院对该案件有管辖权；

C. 外国法院裁判的制作程序合法；

D. 被执行人或者被执行财产在中国领域内；

E. 该裁判不违反中国法律的基本原则或者国家主权、安全、社会公共利益。

上述承认和执行外国法院裁判建立在该法院所在国与中国缔结、共同参加国际条约或存在互惠关系，否则，人民法院应当裁定驳回承认和执行外国法院裁判的申请，但当事人向人民法院申请承认外国法院作出的发生法律效力的离婚判决的除外。承认和执行申请被裁定驳回的，当事人可以向人民法院起诉。

(2) 申请与请求

外国法院作出的发生法律效力的裁判需要中国法院承认和执行的，可以由当事人直接向中国有管辖权的中级人民法院申请承认和执行，也可以由外国法院依照该国与中国缔结或者参加的国际条约的规定，或者按照互惠原则，请求人民法院承认和执行。

申请人向人民法院申请承认和执行外国法院作出的发生法律效力的判决、裁定，应当提交申请书，并附外国法院作出的发生法律效力的判决、裁定正本或者经证明无误的副本以及中文译本。外国法院判决、裁定为缺席判决、裁定的，申请人应当同时提交该外国法院已经合法传唤的证明文件，但判决、裁定已经对此予以明确说明的除外。中华人民共和国与该国缔结或者共同参加的国际条约对提交文件有规定的，按照规定办理。

当事人申请承认和执行外国法院作出的发生法律效力的裁判或者外国仲裁裁决的期间，适用本文申请执行时效的规定，在此不再赘述。当事人仅申请承认而未同时申请执行的，申请执行的期间自人民法院对承认申请作出的裁定生效之日起重新计算。

与中国没有司法协助条约又无互惠关系的国家的法院，未通过外交途径，直接请求人民法院提供司法协助的，人民法院应予退回，并说明理由。

（3）审查与处理

承认和执行外国法院作出的发生法律效力的裁判或外国仲裁裁决的案件，人民法院应当将申请书送达被申请人，并组成合议庭对该申请进行审查，被申请人可以陈述意见。

人民法院对申请或者请求承认和执行的外国法院作出的发生法律效力的裁判，依照中国缔结或者参加的国际条约，或者按照互惠原则进行审查后，认为不违反中国法律的基本原则或者国家主权、安全、社会公共利益的，裁定承认其效力，需要执行的，发出执行令予以执行；违反中华人民共和国法律的基本原则或者国家主权、安全、社会公共利益的，不予承认和执行。上述裁定一经送达即发生法律效力。

2. 对外国仲裁裁决的承认与执行

国外仲裁机构的裁决或者临时仲裁庭在中国领域外作出的仲裁裁决，需要人民法院承认和执行的，应当由当事人直接向被执行人住所地或者其财产所在地的中级人民法院申请，人民法院应当依照中华人民共和国缔结或者参加的国际条约，或者按照互惠原则办理。

3. 中国法院的裁判和仲裁机构裁决在国外的承认与执行

人民法院作出的发生法律效力的判决、裁定，如果被执行人或者其财产不在中国领域内，当事人请求执行的，可以由当事人直接向有管辖权的外国法院申请承认和执行，也可以由人民法院依照中国缔结或者参加的国际条约的规定，或者按照互惠原则，请求外国法院承认和执行。中国涉外仲裁机构作出的发生法律效力的仲裁裁决，当事人请求执行的，如果被执行人或者其财产不在中国领域内，应当由当事人直接向有管辖权的外国法院申请承认和执行。

当事人在中国领域外使用人民法院的判决书、裁定书，要求人民法院证明其法律效力的，或者外国法院要求人民法院证明判决书、裁定书的法律效力的，作出判决、裁定的人民法院，可以本法院的名义出具证明。

【法条指引】

中华人民共和国民事诉讼法（节录）

第二百五十九条 在中华人民共和国领域内进行涉外民事诉讼，适用本编规定。本编没有规定的，适用本法其他有关规定。

第二百六十条 中华人民共和国缔结或者参加的国际条约同本法有不同规定的，适用该国际条约的规定，但中华人民共和国声明保留的条款除外。

第二百六十一条 对享有外交特权与豁免的外国人、外国组织或者国际组织提起的民事诉讼，应当依照中华人民共和国有关法律和中华人民共和国缔结或者参加的国际条约的规定办理。

第二百六十三条 外国人、无国籍人、外国企业和组织在人民法院起诉、应诉，需要委托律师代理诉讼的，必须委托中华人民共和国的律师。

第二百六十四条 在中华人民共和国领域内没有住所的外国人、无国籍人、外国企业和组织委托中华人民共和国律师或者其他人代理诉讼，从中华人民共和国领域外寄交或者托交的授权委托书，应当经所在国公证机关证明，并经中华人民共和国驻该国使领馆认证，或者履行中华人民共和国与该所在国订立的有关条约中规定的证明手续后，才具有效力。

第二百六十五条 因合同纠纷或者其他财产权益纠纷，对在中华人民共和国领域内没有住所的被告提起的诉讼，如果合同在中华人民共和国领域内签订或者履行，或者诉讼标的物在中华人民共和国领域内，或者被告在中华人民共和国领域内有可供扣押的财产，或者被告在中华人民共和国领域内设有代表机构，可以由合同签订地、合同履行地、诉讼标的物所在地、可供扣押财产所在地、侵权行为地或者代表机构住所地人民法院管辖。

第二百六十六条 因在中华人民共和国履行中外合资经营企业合同、中外合作经营企业合同、中外合作勘探开发自然资源合同发生纠纷提起的诉讼，由中华人民共和国人民法院管辖。

第二百七十一条 涉外经济贸易、运输和海事中发生的纠纷，当事人在合同中订有仲裁条款或者事后达成书面仲裁协议，提交中华人民共和国涉外仲裁机构或者其他仲裁机构仲裁的，当事人不得向人民法院起诉。

当事人在合同中没有订有仲裁条款或者事后没有达成书面仲裁协议的，可以向人民法院起诉。

第二百七十六条 根据中华人民共和国缔结或者参加的国际条约，或者按照互惠原则，人民法院和外国法院可以相互请求，代为送达文书、调查取证以及进行其他诉讼行为。

外国法院请求协助的事项有损于中华人民共和国的主权、安全或者社会公共利益的，人民法院不予执行。

第二百八十一条 外国法院作出的发生法律效力的判决、裁定，需要中华人民共和国人民法院承认和执行的，可以由当事人直接向中华人民共和国有管辖权的中级人民法院申请承认和执行，也可以由外国法院依照该国与中华人民共和国缔结或者参加的国际条约的规定，或者按照互惠原则，请求人民法院承认和执行。

第二百八十三条 国外仲裁机构的裁决，需要中华人民共和国人民法院承认和执行的，应当由当事人直接向被执行人住所地或者其财产所在地的中级人民法院申请，人民法院应当依照中华人民共和国缔结或者参加的国际条约，或者按照互惠原则办理。

最高人民法院关于适用《中华人民共和国民事诉讼法》的解释（节录）

第五百五十一条 人民法院审理涉及香港、澳门特别行政区和台湾地区的民事诉讼案件，可以参照适用涉外民事诉讼程序的特别规定。

第三章

仲裁制度

第一节　仲裁概述

【规则要点】

仲裁是指由双方当事人协议将民商事争议提交仲裁机构，由仲裁机构对争议进行审理并作出裁决，以解决纠纷的方式。在中国，仲裁机构是依法设立的仲裁委员会。作为一种能产生具有强制执行力的法律文书的纠纷解决方式，仲裁亦应当遵守相应的原则与制度。

【理解与适用】

一、仲裁的范围

依照《中华人民共和国仲裁法》的规定，平等主体的公民、法人和其他组织之间发生的合同纠纷和其他财产权益纠纷，可以仲裁。

下列纠纷不能仲裁：

其一，婚姻、收养、监护、扶养、继承纠纷，这些纠纷属于当事人的人身关系范畴，不属于仲裁范围；

其二，依法应当由行政机关处理的行政争议；

其三，劳动争议和农业集体经济组织内部的农业承包合同纠纷可以仲裁，但不是仲裁法意义上的仲裁，不适用本文内容，由法律另行规定。

二、仲裁的原则与制度

（一）基本原则

1. 自愿原则

自愿原则是仲裁最重要的原则，当事人可以自主选择是否将纠纷提交仲裁、将哪些纠纷提交仲裁、提交哪个仲裁委员会仲裁、仲裁庭如何组成等问题。

2. 实事求是，合法、公平、合理原则

仲裁应当根据事实，符合法律规定，公平合理地解决纠纷。

3. 独立仲裁原则

仲裁依法独立进行，不受行政机关、社会团体和个人的干涉。仲裁委员会之间相互独立，不存在隶属关系。

（二）基本制度

1. 协议仲裁

仲裁协议是当事人自愿将他们之间已经发生或可能发生的争议提交仲裁解决的书面协议。仲裁必须依据当事人之间订立的有效仲裁协议进行。

2. 或裁或审

争议发生前或发生后，当事人有权选择解决争议的途径，或者双方达成仲裁协议，将争议提交仲裁委员会解决，或者争议发生后向人民法院提起诉讼，通过诉讼途径解决争议，或者通过和解、人民调解等方式解决争议。但是，有效的仲裁协议将排除人民法院对该案件的司法管辖权，只有在没有有效仲裁协议的情况下，法院才可以行使司法管辖权予以审理。

3. 一裁终局

仲裁实行一裁终局的制度。裁决作出后，当事人就同一纠纷再申请仲裁或者向人民法院起诉的，仲裁委员会或者人民法院不予受理。

【风险提示】

由于仲裁机构就仲裁收取的费用较高，实践中仲裁通常适用于更加追求纠纷解决的简便快速的商事活动中。当事人在考虑适用何种方式解决纠纷时，应当注意考虑仲裁费用较高带来的成本。

【相关案例】

广州市常青实业发展公司与广州市化工原料公司不当得利纠纷申请再审案

广州市常青实业发展公司因不服广州市中级人民法院作出的（2009）穗中法立民终字第1361号民事裁定，向广东省高级人民法院申请再审。

广东省高级人民法院经审查认为：根据仲裁法第9条第1款“仲裁实行一裁终局的制度。裁决作出后，当事人就同一纠纷再申请仲裁或者向人民法院起诉的，仲裁委员会或者人民法院不予受理”的规定，广州市常青实业发展公司就其支付广州市化工原料公司的电梯、空调、通信设备补偿费用纠纷而提起本案诉讼，而该纠纷业经广州市仲裁委员会作出的（2005）穗仲案字第2029号裁决予以认定，现广州市常青实业发展公司以同一纠纷向人民法院提起诉讼，一审、二审裁定不予受理正确，法院依法予以维持。综上所述，法院依法裁定驳回广州市常青实业发展公司的再审申请。

【法条指引】

中华人民共和国仲裁法（节录）

第二条 平等主体的公民、法人和其他组织之间发生的合同纠纷和其他财产权益纠纷，可以仲裁。

第三条 下列纠纷不能仲裁：

（一）婚姻、收养、监护、扶养、继承纠纷；

（二）依法应当由行政机关处理的行政争议。

第四条 当事人采用仲裁方式解决纠纷，应当双方自愿，达成仲裁协议。没有仲裁协议，一方申请仲裁的，仲裁委员会不予受理。

第五条 当事人达成仲裁协议，一方向人民法院起诉的，人民法院不予受理，但仲裁协议无效的除外。

第六条 仲裁委员会应当由当事人协议选定。

仲裁不实行级别管辖和地域管辖。

第七条 仲裁应当根据事实，符合法律规定，公平合理地解决纠纷。

第九条 仲裁实行一裁终局的制度。裁决作出后，当事人就同一纠纷再申请仲裁或者向人民法院起诉的，仲裁委员会或者人民法院不予受理。

裁决被人民法院依法裁定撤销或者不予执行的，当事人就该纠纷可以根据双方重新达成的仲裁协议申请仲裁，也可以向人民法院起诉。

第二节 仲裁协议

【规则要点】

当事人达成的仲裁协议应当具有法律规定的形式、内容，并且不违反法律的强制性规定。合法有效的仲裁协议的存在是当事人申请仲裁的必要条件，否则，当事人只能通过其他方式解决纠纷。

【理解与适用】

一、仲裁协议的形式

当事人达成的仲裁协议必须是书面形式，包括合同中的仲裁条款、单独的仲裁协议书、数据电文等其他书面形式的仲裁协议，口头的仲裁协议无效。

二、仲裁协议的内容

仲裁协议应当具有下列内容：

1. 请求仲裁的意思表示。

2. 仲裁事项。其中，如果当事人概括约定仲裁事项为合同争议，则基于合同成立、效力、变更、转让、履行、违约责任、解释、解除等产生的纠纷都可以认定为仲裁事项。

3. 选定的仲裁委员会。其中，若仲裁协议约定的仲裁机构名称不准确，或仅约定了仲裁规则，或约定了两个以上的仲裁机构，只要能够确定具体的仲裁机构，则视为选定了仲裁委员会。

若当事人在仲裁协议中就仲裁事项或者仲裁委员会没有约定或者约定不明确，当事人可以达成补充协议，否则，有关仲裁协议无效。

此外，仲裁协议的内容将约束仲裁机构的仲裁范围。

三、仲裁协议的效力

（一）效力独立

仲裁协议独立存在，合同的变更、解除、终止或者无效，不影响仲裁协议的效力。

（二）效力扩张

在以下情形中，相关人员虽未与对方当事人签订仲裁协议，但仍受仲裁协议的约束：

1. 当事人订立仲裁协议后合并、分立的，仲裁协议对其权利义务的继受人有效，当事人另有约定的除外。

2. 当事人订立仲裁协议后死亡的，仲裁协议对承继其仲裁事项中的权利义务的继承人有效，当事人另有约定的除外。

3. 债权债务全部或者部分转让的，仲裁协议对受让人有效，但当事人另有约定、在受让债权债务时受让人明确反对或者不知有单独仲裁协议的除外。

（三）仲裁协议效力的确认

1. 确认主管机关

当事人对仲裁协议的效力存在异议的，可以请求仲裁委员会作出决定或者请求人民法院作出裁定。一方请求仲裁委员会作出决定，另一方请求人民法院作出裁定的，如果仲裁委员会先于法院接受申请并已作出决定，法院则应不予受理；如果仲裁机构接受申请后尚未作出决定，法院应该予以受理，同时通知仲裁机构中止仲裁。

2. 法院审查时的管辖

当事人向人民法院申请确认仲裁协议效力的案件，由仲裁协议约定的仲裁机构所在地、仲裁协议签订地、申请人或者被申请人住所地的中级人民法院或专门人民法院管辖。当事人可以在上述法院中就管辖法院进行选择。

涉及海事海商纠纷仲裁协议效力的案件，由仲裁协议约定的仲裁机构所在地、仲裁协议签订地、申请人或者被申请人住所地的海事法院管辖；上述地点没有海事法院的，由就近的海事法院管辖。

此外，如果申请人同时向两个以上有管辖权的人民法院提出申请，则由最先立案的人民法院管辖。

3. 申请材料

申请人向人民法院申请确认仲裁协议效力的，应当提交申请材料，包括申请书及仲裁协议正本或者经证明无误的副本。

申请书应当载明下列事项：

（1）申请人或者被申请人为自然人的，应当载明其姓名、性别、出生日期、国籍及住所；为法人或者其他组织的，应当载明其名称、住所以及法定代表人或者代表人的姓名和职务；

（2）仲裁协议的内容；

（3）具体的请求和理由。

当事人提交的外文申请书、仲裁协议及其他文件，应当附有中文译本。

4. 申请的时间

当事人对仲裁协议的效力有异议，应当在仲裁庭首次开庭前提出。

当事人在仲裁庭首次开庭前没有对仲裁协议的效力提出异议，而后向人民法院申请确认仲裁协议无效的，人民法院不予受理；在仲裁裁决作出后，以仲裁协议无效为由主张撤销仲裁裁决或者提出不予执行抗辩的，人民法院亦不予支持。

5. 申请的撤回

人民法院受理仲裁协议效力确认案件后，申请人可以撤回申请，但应当在人民法院作出裁定前提出撤回请求。

6. 裁定的效力

人民法院在仲裁效力确认案件中作出的裁定，除不予受理、驳回申请、管辖权异议的裁定外，一经送达即发生法律效力。当事人申请复议、提出上诉或者申请再审的，人民法院不予受理，除非法律或行政法规另有规定。

（四）仲裁协议的放弃、无效与失效

1. 放弃

依照法律规定，当事人达成仲裁协议，一方向人民法院起诉未声明有仲裁协议，人民法院受理后，另一方在首次开庭前提交仲裁协议的，人民法院除仲裁协议无效外，均应当驳回起诉，此即为有效的仲裁协议排除法院的司法管辖权。

但在上述情况中，如果另一方在首次开庭前未对人民法院受理该案提出异议的，视为其放弃仲裁协议，人民法院应当继续审理，仲裁协议将因为当事人的放弃而失去效力。

上述“首次开庭”是指答辩期满后人民法院组织的第一次开庭审理，不包括审前程序中的各项活动。

2. 无效

依照仲裁法规定，仲裁协议有下列情形之一的，自始无效：

（1）约定的仲裁事项超出法律规定的仲裁范围的；

（2）无民事行为能力人或者限制民事行为能力人订立仲裁协议的；

（3）一方采取胁迫手段，迫使对方订立仲裁协议的；

（4）以口头方式订立仲裁协议的；

（5）仲裁协议对仲裁事项或仲裁委员会没有约定或约定不明确，当事人又不能协议补充的；

（6）仲裁协议约定争议可以向仲裁机构申请仲裁也可以向人民法院起诉的，但一方向仲裁机构申请仲裁，另一方未在仲裁庭首次开庭前提出异议的除外；

（7）仲裁协议约定两个以上仲裁机构，且当事人不能就具体仲裁机构的选择达成一致的。

3. 失效

依照仲裁法的规定，有下列情形的，有效的仲裁协议将失去效力：

（1）该纠纷已经经过实体裁决的；

（2）当事人协议放弃仲裁协议的；

（3）超过当事人在仲裁协议中约定的仲裁协议有效期的。

【风险提示】

由于仲裁的适用依赖于合法有效的仲裁协议，因此，对于有意就可能产生的民商事纠纷适用仲裁的民事主体而言，建议事先和对方依法达成仲裁协议，以免事后不必要的争议。

【相关案例】

汤某某诉中国大地财产保险股份有限公司××中心支公司保险合同纠纷案

杭州市西湖区人民法院在审理原告汤某某诉被告中国大地财产保险股份有限公司××中心支公司保险合同纠纷一案中，被告中国大地财产保险股份有限公司××中心支公司在答辩期内向该院提出管辖权异议，认为根据原告、被告双方签订的有效保险合同，明确约定保险合同争议解决方式为提交杭州仲裁委员会处理，故本案应仲裁解决，法院对本案无管辖权。

法院经审查后认为，根据原告提交的投保单，双方明确约定保险合同争议解决方式为：提交杭州仲裁委员会处理。根据仲裁法第2条，平等主体的公民、法人和其他组织之间发生的合同纠纷和其他财产权益纠纷，可以仲裁；根据仲裁法第5条，当事人达成仲裁协议，一方向人民法院起诉的，人民法院不予受理，但仲裁协议无效的除外。本案原告、被告双方的仲裁条款系当事人的真实意思表示，且不违反法律的强制性规定，对合同双方均具有拘束力，故关于案涉保险合同纠纷原告应向仲裁机构申请仲裁。综上，依法驳回原告汤某某的起诉。

【法条指引】

中华人民共和国仲裁法（节录）

第五条 当事人达成仲裁协议，一方向人民法院起诉的，人民法院不予受理，但仲裁协议无效的除外。

第十六条 仲裁协议包括合同中订立的仲裁条款和以其他书面方式在纠纷发生前或者纠纷发生后达成的请求仲裁的协议。

仲裁协议应当具有下列内容：

（一）请求仲裁的意思表示；

（二）仲裁事项；

（三）选定的仲裁委员会。

第十七条　有下列情形之一的，仲裁协议无效：

（一）约定的仲裁事项超出法律规定的仲裁范围的；

（二）无民事行为能力人或者限制民事行为能力人订立的仲裁协议；

（三）一方采取胁迫手段，迫使对方订立仲裁协议的。

第十八条　仲裁协议对仲裁事项或者仲裁委员会没有约定或者约定不明确的，当事人可以补充协议；达不成补充协议的，仲裁协议无效。

第十九条　仲裁协议独立存在，合同的变更、解除、终止或者无效，不影响仲裁协议的效力。

仲裁庭有权确认合同的效力。

第二十条　当事人对仲裁协议的效力有异议的，可以请求仲裁委员会作出决定或者请求人民法院作出裁定。一方请求仲裁委员会作出决定，另一方请求人民法院作出裁定的，由人民法院裁定。

当事人对仲裁协议的效力有异议，应当在仲裁庭首次开庭前提出。

第三节　仲裁程序

【规则要点】

仲裁机构进行仲裁的，应当符合法律规定的程序，包括仲裁庭的人员组成、审理方式等，否则，将影响仲裁裁决的效力。

【理解与适用】

一、申请与受理

（一）申请条件

符合以下条件的，当事人可以申请仲裁：

1. 有仲裁协议；

2. 有具体的仲裁请求和事实、理由；

3. 属于仲裁委员会的受理范围。

（二）申请材料

当事人申请仲裁，应当向仲裁委员会递交仲裁协议、仲裁申请书及副本。当事人委托律师和其他代理人进行仲裁活动的，还应当向仲裁委员会提交授权委托书。

其中，仲裁申请书应当载明下列事项：

一是当事人的姓名、性别、年龄、职业、工作单位和住所，法人或者其他组织的名称、住所和法定代表人或者主要负责人的姓名、职务；

二是仲裁请求和所根据的事实、理由；

三是证据和证据来源、证人姓名和住所。

（三）受理

仲裁委员会收到仲裁申请书之日起 5 日内，认为符合受理条件的，应当受理并通知当事人；认为不符合受理条件的，应当书面通知当事人不予受理并说明理由。

仲裁委员会受理仲裁申请后，应当在仲裁规则规定的期限内将仲裁规则和仲裁员名册送达申请人，并将仲裁申请书副本和仲裁规则、仲裁员名册送达被申请人。

被申请人收到仲裁申请书副本后，应当在仲裁规则规定的期限内向仲裁委员会提交答辩书。仲裁委员会收到答辩书后，应当在仲裁规则规定的期限内将答辩书副本送达申请人。

被申请人未提交答辩书的，不影响仲裁程序的进行。

二、仲裁庭的组成

（一）组成形式

仲裁庭有两种组成形式，既可以由 3 名仲裁员组成合议仲裁庭，也可以由 1 名仲裁员组成独任仲裁庭。合议仲裁庭中设有首席仲裁员。

（二）组成程序

当事人应当首先选择合意仲裁还是独任仲裁。选择合意仲裁的，应当各自选定或者各自委托仲裁委员会主任指定 1 名仲裁员，第三名仲裁员（首席仲裁员）由当事人共同选定或者共同委托仲裁委员会主任指定；选择独任仲裁的，应当由当事人共同选定或者共同委托仲裁委员会主任指定仲裁员。当事人没有在仲裁规则规定的期限内约定仲裁庭的组成方式或者选定仲裁员的，由仲裁委员会主任指定。

三、仲裁员的回避

（一）情形

仲裁员有下列情形之一的，应当自行回避，当事人也可能申请该仲裁员回避：(1) 是本案当事人或者当事人、代理人的近亲属的；(2) 与本案有利害关系的；(3) 与本案当事人、代理人有其他关系，可能影响公正仲裁的；(4) 私自会见当事人、代理人，或者接受当事人、代理人的请客送礼的。

（二）时间

当事人提出回避申请，应当在首次开庭前提出。回避事由在首次开庭后知道的，也可以在最后一次开庭终结前提出。

（三）处理

仲裁员是否回避，由仲裁委员会主任决定；仲裁委员会主任担任仲裁员时，由仲裁委员会集体决定。

（四）后果

仲裁员回避的，应当依法重新选定或者指定仲裁员。

因回避而重新选定或者指定仲裁员后，当事人可以请求已进行的仲裁程序重新进行，是否准许，由仲裁庭决定；仲裁庭也可以自行决定已进行的仲裁程序是否重新进行。

四、审理过程

（一）审理方式

仲裁原则上开庭不公开进行。当事人协议不开庭的，仲裁庭可以书面审理；当事人协议公开的，可以公开进行，但涉及国家秘密的除外。

（二）证据收集与出示

当事人应当对自己的主张提供证据，仲裁庭在认为有必要时也可以自行收集证据。证据应当在开庭时出示以便当事人质证。

（三）辩论

作为解决争议的方式，在仲裁过程中，当事人有权进行辩论。辩论终结时，首席仲裁员或者独任仲裁员还应当征询当事人的最后意见。

（四）笔录

笔录是记载仲裁庭审过程及有关事实的重要材料。因此，仲裁庭应当制作笔录记录开庭情况等有关情况，并由仲裁员、记录人员、当事人和其他仲裁参与人签名或者盖章。

当事人和其他仲裁参与人认为对自己陈述的记录有遗漏或者差错的，有权申请补正。如果不予补正，也应当记录该申请。

五、延期开庭、撤回申请和缺席判决

（一）延期开庭

仲裁委员会在仲裁规则规定的期限内将开庭日期通知双方当事人后，当事人有正当理由的，可以在仲裁规则规定的期限内请求延期开庭，由仲裁庭决定是否延期。

（二）撤回申请

在仲裁审理过程中，申请人可以向仲裁庭请求撤回仲裁申请；申请人经书面通知，无正当理由拒不到庭或者未经仲裁庭许可中途退庭的，也可以视为撤回仲裁申请。

（三）缺席判决

被申请人经书面通知，无正当理由拒不到庭或者未经仲裁庭许可中途退庭的，仲裁庭可以缺席裁决。

六、和解

当事人申请仲裁后，可以自行和解。达成和解协议的，可以请求仲裁庭根据和解协议作出裁决书，也可以撤回仲裁申请。

当事人达成和解协议，但撤回仲裁申请后反悔的，仍可以根据仲裁协议申请仲裁。

七、调解

仲裁庭在作出裁决前，可以就当事人的纠纷先行调解。当事人自愿调解的，仲裁庭应当就当事人的纠纷进行调解。仲裁庭调解不成的，应当及时作出裁决。

经调解达成协议的，仲裁庭应当制作调解书或者根据协议的结果制作裁决书，调解书与裁决书具有同样的法律效力。调解书经双方当事人签收后方发生法律效力。

若当事人在调解书签收前反悔而拒绝签收调解书，则调解不成立，仲裁庭应当及时作出裁决。

八、裁决

（一）形成过程

仲裁庭作出裁决的，应当按照多数仲裁员的意见作出，少数仲裁员的不同意见可以记入笔录。当仲裁庭不能形成多数意见时，裁决应当按照首席仲裁员的意见作出。

为提高仲裁效率，仲裁庭仲裁纠纷时，若其中一部分事实已经清楚，可以就该部分先行裁决。

（二）内容

裁决书应当写明仲裁请求、争议事实、裁决理由、裁决结果、仲裁费用的负担和裁决日期。当事人协议不愿写明争议事实和裁决理由的，可以不写。

裁决书由仲裁员签名，对裁决结果持不同意见的仲裁员可以自行决定是否签名。

（三）补正

对裁决书中的文字、计算错误或者仲裁庭已经裁决但在裁决书中遗漏的事项，仲裁庭应当自行补正，当事人也可以自收到裁决书之日起30日内请求仲裁庭补正。

需要注意的是，补正是对文字、计算等非实质错误采取的补救措施，而如果是裁决错误或者漏裁事项等实质性错误，则不能通过补正方式纠正。

（四）效力

裁决书自作出之日起生效，并具有强制执行力。当事人不得就已经裁决的事项再次申请仲裁，也不得向人民法院起诉。

【法条指引】

中华人民共和国仲裁法（节录）

第二十二条 当事人申请仲裁，应当向仲裁委员会递交仲裁协议、仲裁申请书及副本。

第二十四条 仲裁委员会收到仲裁申请书之日起五日内，认为符合受理条件的，应当受理，并通知当事人；认为不符合受理条件的，应当书面通知当事人不予受理，并说明理由。

第三十条 仲裁庭可以由三名仲裁员或者一名仲裁员组成。由三名仲裁员组成的，设首席仲裁员。

第三十一条 当事人约定由三名仲裁员组成仲裁庭的，应当各自选定或者各自委托仲裁委员会主任指定一名仲裁员，第三名仲裁员由当事人共同选定或者共同委托仲裁委员会主任指定。第三名仲裁员是首席仲裁员。

当事人约定由一名仲裁员成立仲裁庭的，应当由当事人共同选定或者共同委托仲裁委员会主任指定仲裁员。

第三十四条 仲裁员有下列情形之一的，必须回避，当事人也有权提出回避申请：

（一）是本案当事人或者当事人、代理人的近亲属；

（二）与本案有利害关系；

（三）与本案当事人、代理人有其他关系，可能影响公正仲裁的；

（四）私自会见当事人、代理人，或者接受当事人、代理人的请客送礼的。

第三十九条 仲裁应当开庭进行。当事人协议不开庭的，仲裁庭可以根据仲裁申请书、答辩书以及其他材料作出裁决。

第四十九条 当事人申请仲裁后，可以自行和解。达成和解协议的，可以请求仲裁庭根据和解协议作出裁决书，也可以撤回仲裁申请。

第五十条 当事人达成和解协议，撤回仲裁申请后反悔的，可以根据仲裁协议申请仲裁。

第五十一条 仲裁庭在作出裁决前，可以先行调解。当事人自愿调解的，仲裁庭应当调解。调解不成的，应当及时作出裁决。

调解达成协议的，仲裁庭应当制作调解书或者根据协议的结果制作裁决书。调解书与裁决书具有同等法律效力。

第五十三条 裁决应当按照多数仲裁员的意见作出，少数仲裁员的不同意见可以记入笔录。仲裁庭不能形成多数意见时，裁决应当按照首席仲裁员的意见作出。

第五十四条 裁决书应当写明仲裁请求、争议事实、裁决理由、裁决结果、仲裁费用的负担和裁决日期。当事人协议不愿写明争议事实和裁决理由的，可以不写。裁决书由仲裁员签名，加盖仲裁委员会印章。对裁决持不同意见的仲裁员，可以签名，也可以不签名。

第四节 司法与仲裁

【规则要点】

作为一种具有强制执行力的生效法律文书，当事人可以依法申请有关人民法院适用执行程序对仲裁裁决予以执行。但是，如果执行法院依法对仲裁裁决作出不予执行或撤销的决定，仲裁裁决将失去强制执行的效力。

【理解与适用】

一、财产保全与证据保全

在仲裁中仍然存在财产保全和证据保全，但是是否进行保护及采取保全措施均由人民法院决定与进行，仲裁机构仅起到移交保全申请给特定法院的作用。

当事人申请财产保全与证据保全的，均应当向仲裁委员会提交书面申请。当事人申请财产保全的，仲裁委员会应当将当事人的申请按照民事诉讼法有关保全的规定提交人民法院；当事人申请证据保全的，仲裁委员会应当将当事人的申请提交证据所在地的基层人民法院。

财产保全申请有错误的，申请人应当赔偿被申请人因财产保全所遭受的损失。

二、仲裁裁决的执行

（一）启动方式

仲裁裁决具有强制执行力，当事人可依法向被执行人住所地或者被执行财产所在地中级人民法院申请执行，具体可参见本书第二章第二十节执行制度部分的有关内容。

（二）申请材料

申请人向人民法院申请执行或撤销中国内地仲裁机构的仲裁裁决的，应当提交申请书及裁决书正本或者经证明无误的副本。

申请书应当载明下列事项：

1. 申请人或者被申请人为自然人的，应当载明其姓名、性别、出生日期、国籍及住所；为法人或者其他组织的，应当载明其名称、住所以及法定代表人或者代表人的姓名和职务；

2. 裁决书的主要内容及生效日期；

3. 具体的请求和理由。

当事人提交的外文申请书、裁决书及其他文件，应当附有中文译本。

（三）受理

对于申请人的申请，人民法院应当在7日内审查决定是否受理，并应当在5日内向申请人和被申请人发出通知书，告知其受理情况及相关的权利义务。

（四）管辖权异议

人民法院受理申请人的申请后，被申请人对管辖权有异议的，应当自收到人民法院通知之日起15日内提出。人民法院对被申请人提出的异议，应当审查并作出裁定。当事人对裁定不服的，可以提起上诉。

对在中华人民共和国领域内没有住所的被申请人来说，上述异议期延长至其收到人民法院通知之日起30日内。

（五）不予执行

人民法院依法受理申请人的执行申请后，应当予以执行。但是，被申请人提出证据证明仲裁裁决有下列情形之一的，经执行法院组成合议庭审查核实，裁定不予执行：（1）当事人在合同中没有订有有效的仲裁条款或者事后没有达成有效的书面仲裁协议的；（2）裁决的事项不属于仲裁协议的范围或者仲裁机构无权仲裁的；（3）仲裁庭的组成或者仲裁的程序违反法定程序的；（4）裁决所根据的证据是伪造的；（5）对方当事人向仲裁机构隐瞒了足以影响公正裁决的证据的；（6）仲裁员在仲裁该案时有贪污受贿，徇私舞弊，枉法裁决行为的（该行为是指已经由生效刑事法律文书或者纪律处分决定所确认的行为)。

此外,人民法院认定执行该裁决违背社会公共利益的,应当裁定不予执行。

仲裁裁决被人民法院裁定不予执行的,当事人可以根据双方达成的书面仲裁协议重新申请仲裁,也可以向人民法院起诉。

需要注意的是,当事人请求不予执行仲裁调解书或者根据当事人之间的和解协议作出的仲裁裁决书,人民法院不予支持。

三、仲裁裁决的撤销

(一)情形

当事人提出证据证明裁决有下列情形之一,可以向人民法院申请撤销裁决,人民法院查证属实的,应当予以撤销:(1)当事人没有达成仲裁协议或达成的仲裁协议无效、被撤销的;(2)裁决的事项不属于仲裁协议的范围或者仲裁委员会无权仲裁的;(3)仲裁庭的组成或者仲裁的程序违反仲裁法规定的仲裁程序和当事人选择的仲裁规则,可能影响案件正确裁决的;(4)裁决所根据的证据是伪造的;(5)对方当事人隐瞒了足以影响公正裁决的证据的;(6)仲裁员在仲裁该案时有索贿受贿,徇私舞弊,枉法裁决行为的(该行为是指已经由生效刑事法律文书或者纪律处分决定所确认的行为)。

此外,人民法院认定该裁决违背社会公共利益的,亦应当裁定撤销。

(二)管辖

撤销仲裁裁决由仲裁委员会所在地的中级人民法院管辖。

(三)时间

当事人申请撤销裁决的,应当自收到裁决书之日起6个月内提出。

(四)处理

人民法院受理撤销仲裁裁决申请的,应当组成合议庭进行审查,并在两个月内予以处理:

1. 没有发现撤销情形的,裁定驳回申请。该裁定不能上诉,驳回后,原仲裁裁决具有执行力。

2. 发现撤销情形的,裁定撤销仲裁裁决。属于超裁,且超裁部分与其他部分可分的,人民法院应当裁定撤销超裁部分。

3. 当事人以仲裁裁决所根据的证据是伪造的或者对方当事人隐瞒了足以影响公正裁决的证据的为由申请撤销仲裁的，人民法院可以通知仲裁庭在一定期限内重新仲裁，并裁定中止撤销程序。仲裁庭拒绝重新仲裁的，人民法院应当裁定恢复撤销程序。当事人对重新仲裁裁决不服的，可以在重新仲裁裁决书送达之日起6个月内依法向人民法院申请撤销。

仲裁裁决被撤销的，当事人可以重新达成仲裁协议仲裁，也可以向人民法院起诉。

（五）执行与撤销仲裁裁决申请冲突的处理

一方当事人申请执行裁决，另一方当事人申请撤销裁决的，人民法院应当裁定中止执行。裁定撤销裁决的，人民法院应当裁定终结执行；撤销裁决的申请被裁定驳回的，人民法院应当裁定恢复执行。

【相关案例】

中国移动通信集团安徽有限公司淮南分公司与淮南市洞山房地产开发有限公司申请撤销仲裁裁决案

2016年7月20日，淮南市洞山房地产开发有限公司（简称“洞山房开公司”）和中国移动通信集团安徽有限公司淮南分公司（简称“移动淮南分公司”）就其间的合同纠纷，根据有效的仲裁协议向淮南仲裁委提起仲裁，并依据淮南仲裁委的《仲裁规则》选定仲裁员。洞山房开公司选定仲裁员任某某，移动淮南分公司选定仲裁员卢某某，由淮南仲裁委指定夏某某为首席仲裁员。仲裁员任某某与洞山房开公司的委托诉讼代理人胡某甲、胡某乙同为安徽金天阳律师事务所律师。淮南仲裁委就双方的纠纷作出了仲裁裁决。其后，移动淮南分公司以作出仲裁裁决的仲裁程序违法为由向安徽省淮南市中级人民法院申请撤销该仲裁裁决。

人民法院经审理认为。根据仲裁法第34条第3项的规定，仲裁员与本案当事人、代理人有其他关系，可能影响公正仲裁的，是法定回避情形。本案中，洞山房开公司选定的仲裁员任某某与洞山房开公司的代理人胡某甲、胡某乙是一个律师事务所的律师，属于同事关系，可能影响公正仲裁，该仲裁员符合法定回避情形，即使对方当事人没有提出回避申请，该仲裁员也应当自行回避，故淮南仲裁委的仲裁庭组成违反法定程序。综合其他因素，人民法院裁定撤销淮南仲裁委作出的有关裁决。

【法条指引】

中华人民共和国仲裁法（节录）

第六十二条 当事人应当履行裁决。一方当事人不履行的，另一方当事人可以依照民事诉讼法的有关规定向人民法院申请执行。受申请的人民法院应当执行。

第六十三条 被申请人提出证据证明裁决有民事诉讼法第二百三十七条第二款规定的情形之一的，经人民法院组成合议庭审查核实，裁定不予执行。

第六十四条 一方当事人申请执行裁决，另一方当事人申请撤销裁决的，人民法院应当裁定中止执行。

人民法院裁定撤销裁决的，应当裁定终结执行。撤销裁决的申请被裁定驳回的，人民法院应当裁定恢复执行。

最高人民法院关于适用《中华人民共和国仲裁法》若干问题的解释（节录）

第二十八条 当事人请求不予执行仲裁调解书或者根据当事人之间的和解协议作出的仲裁裁决书的，人民法院不予支持。

第五节 涉外仲裁的特别规定

【规则要点】

依照民事诉讼法、仲裁法及有关司法解释的规定，中国国内仲裁机构对具有涉外因素的民商事关系作出的仲裁，应当适用其特别规定。在有关特别规定就有关事项没有特别规定的情况下，适用仲裁的一般规则。

【理解与适用】

一、涉外仲裁概述

（一）适用范围

在涉外经济贸易、运输和海事中发生的纠纷而由在中国境内设立的仲裁机构进行的仲裁，适用本节涉外仲裁的特别规定。本节没有规定的，适用仲裁程序的一般规定。

（二）涉外仲裁协议与涉外仲裁裁决

仲裁协议或者中国国内仲裁机构作出的仲裁裁决所调整的民事关系具有下列情形之一的，为涉外仲裁协议或涉外仲裁裁决：

其一，当事人一方或双方是外国公民、外国法人或者其他组织、无国籍人；

其二，当事人一方或双方的经常居所地在中华人民共和国领域外；

其三，标的物在中华人民共和国领域外；

其四，产生、变更或者消灭民事关系的法律事实发生在中华人民共和国领域外；

其五，可以认定为涉外民事关系的其他情形。

此外，为了法律适用的协调性，人民法院受理的申请确认涉及我国香港特别行政区、我国澳门特别行政区、我国台湾地区仲裁协议效力的案件，申请执行或者撤销中国内地仲裁机构作出的涉及我国香港特别行政区、我国澳门特别行政区、我国台湾地区仲裁裁决的案件，参照适用本节涉外仲裁的特殊规定审查。

二、涉外仲裁中的特别规定

（一）证据保全

涉外仲裁的当事人申请证据保全的，涉外仲裁委员会应当将当事人的申请提交证据所在地的中级人民法院。

（二）认定涉外仲裁裁决效力的规范选择

当事人向人民法院申请确认涉外仲裁协议的效力，人民法院经审查后，就确认该仲裁协议效力所适用的法律，按以下规则作出处理：

1. 当事人的仲裁协议中明确约定确认涉外仲裁协议效力适用的法律的，从其约定。但是，仲裁协议仅约定合同适用的法律的，该法律不能作为确认合同中仲裁条款效力适用的法律。

2. 当事人没有选择确认仲裁协议效力所适用的法律的，适用仲裁机构所在地的法律与适用仲裁地的法律将对仲裁协议的效力作出不同认定的，为尽可能保证仲裁协议的效力，人民法院应当适用确认仲裁协议有效的法律。

仲裁协议未约定仲裁机构和仲裁地，但根据仲裁协议约定适用的仲裁规则可以确定仲裁机构或者仲裁地的，应当认定其为上述的仲裁机构或者仲裁地。

（三）涉外仲裁裁决的执行

一方当事人不履行涉外仲裁裁决的，对方当事人可以向被申请人住所地或者财产所在地的中级人民法院申请执行。

但是，如果被执行人或者其财产不在中华人民共和国领域内，应当由当事人直接向有管辖权的外国法院申请承认和执行。

（四）涉外仲裁裁决的撤销与不予执行

对中华人民共和国涉外仲裁机构作出的裁决，当事人或被申请人提出证据证明仲裁裁决有下列情形之一的，分别请求人民法院撤销与不予执行的，人民法院组成合议庭审查核实，应裁定撤销或不予执行：

1. 当事人在合同中没有订有有效仲裁条款或者事后没有达成有效的书面仲裁协议的；

2. 被申请人没有得到指定仲裁员或者进行仲裁程序的通知，或者由于其他不属于被申请人负责的原因未能陈述意见的；

3. 仲裁庭的组成或者仲裁的程序与仲裁规则不符的；

4. 裁决的事项不属于仲裁协议的范围或者仲裁机构无权仲裁的。

人民法院认定执行该裁决违背社会公共利益的，根据请求裁定撤销或不予执行。

【相关案例】

香港教育资源网有限公司与广东省电化教育馆合同纠纷申请案

申请人香港教育资源网有限公司因与被申请人广东省电化教育馆合作

合同纠纷一案，不服广州仲裁委员会有关仲裁裁决，向广州市中级人民法院申请撤销该裁决。

法院经审理认为，广州仲裁委员会裁决的当事人香港教育资源网有限公司是香港企业，上述仲裁裁决属于涉港仲裁，应当参照法律关于涉外仲裁的特别规定对该仲裁裁决进行司法审查。仲裁法第70条规定，当事人提出证据证明涉外仲裁裁决有民事诉讼法第274条第1款规定的情形之一的，经人民法院组成合议庭审查核实，裁定撤销。本案申请人以广州仲裁委员会作出的有关裁决违反了仲裁法第58条的多处规定等理由，申请撤销该仲裁裁决。但是，仲裁法第58条的规定仅适用于国内仲裁裁决，而本案所涉仲裁裁决属于涉港仲裁裁决，应参照涉外仲裁的有关特别规定进行司法审查，该条规定不能适用于本案所涉仲裁裁决。申请人请求根据仲裁法第58条的规定撤销上述仲裁裁决的理由不成立。且申请人申请撤销仲裁裁决的其他理由，均不属于法律规定的得以撤销涉外仲裁裁决的几种情形。综合考虑其他因素，人民法院裁定驳回申请人申请撤销广州仲裁委员会有关仲裁裁决的请求。

【法条指引】

中华人民共和国仲裁法（节录）

第六十五条 涉外经济贸易、运输和海事中发生的纠纷的仲裁，适用本章规定。本章没有规定的，适用本法其他有关规定。

第六十六条 涉外仲裁委员会可以由中国国际商会组织设立。

涉外仲裁委员会由主任一人、副主任若干人和委员若干人组成。

涉外仲裁委员会的主任、副主任和委员可以由中国国际商会聘任。

第六十七条 涉外仲裁委员会可以从具有法律、经济贸易、科学技术等专门知识的外籍人士中聘任仲裁员。

第六十八条 涉外仲裁的当事人申请证据保全的，涉外仲裁委员会应当将当事人的申请提交证据所在地的中级人民法院。

第六十九条 涉外仲裁的仲裁庭可以将开庭情况记入笔录，或者作出笔录要点，笔录要点可以由当事人和其他仲裁参与人签字或者盖章。

第七十二条 涉外仲裁委员会作出的发生法律效力的仲裁裁决，当事人请求执行的，如果被执行人或者其财产不在中华人民共和国领域内，应当由当事人直接向有管辖权的外国法院申请承认和执行。

最高人民法院关于审理仲裁司法审查案件若干问题的规定（节录）

第十二条 仲裁协议或者仲裁裁决具有《最高人民法院关于适用〈中华人民共和国涉外民事关系法律适用法〉若干问题的解释（一）》第一条规定情形的，为涉外仲裁协议或者涉外仲裁裁决。

最高人民法院关于适用《中华人民共和国涉外民事关系法律适用法》若干问题的解释（一）（节录）

第一条 民事关系具有下列情形之一的，人民法院可以认定为涉外民事关系：

（一）当事人一方或双方是外国公民、外国法人或者其他组织、无国籍人；

（二）当事人一方或双方的经常居所地在中华人民共和国领域外；

（三）标的物在中华人民共和国领域外；

（四）产生、变更或者消灭民事关系的法律事实发生在中华人民共和国领域外；

（五）可以认定为涉外民事关系的其他情形。